北京大学网络文学研究丛书————邵燕君 主编

脂粉帝国

网络言情小说与女性话语政治

薛静 著

中国文联出版社

图书在版编目（ＣＩＰ）数据

脂粉帝国：网络言情小说与女性话语政治 / 薛静著. -- 北京：中国文联出版社，2024.8（2025.7 重印）
（北京大学网络文学研究丛书 / 邵燕君主编）
ISBN 978-7-5190-4831-0

Ⅰ．①脂… Ⅱ．①薛… Ⅲ．①网络文学—小说研究—中国 Ⅳ．① I207.42

中国国家版本馆 CIP 数据核字（2024）第 094913 号

著　　者	薛　静
特约编辑	冯　巍
责任编辑	徐国华
责任校对	叶栩乔
封面设计	康佳乐
出版发行	中国文联出版社有限公司
社　　址	北京市朝阳区农展馆南里 10 号　　邮编　100125
电　　话	010-85923025（发行部）　010-85923092（总编室）
经　　销	全国新华书店等
印　　刷	三河市龙大印装有限公司
开　　本	710 毫米 ×1000 毫米　1/16
印　　张	13
字　　数	183 千字
版　　次	2024 年 8 月第 1 版第 1 次印刷　2025 年 7 月第 4 次印刷
定　　价	56.00 元

版权所有·侵权必究
如有印装质量问题，请与本社发行部联系调换

2019年度教育部哲学社会科学研究重大课题攻关项目"中国网络文学创作、阅读、传播与资料库建设研究"（19JZD038）阶段性成果

2021年北京市文学艺术联合会文学艺术创作扶持专项资金资助出版

总　序
那些偷偷读网文的孩子，他们长大了

邵燕君

> 我是北京大学中文系古典文献方向的大四学生。但我毫不讳言，是网络文学启蒙了我；我更不后悔，让网络文学陪伴我的整个青少年时期。在任何时候任何地方，现在的我都会毫不犹豫地站出来，赞美那些曾经抚慰我、感动我、激励我的网络文学作品，无论有多少前辈、多少权威告诉我，它们是毫无价值的垃圾……
>
> 我们是偷偷读网文长大的孩子，我们要为属于自己的网络文学发声，我们的新文学和新生活也只能由我们亲手打造。神仙和皇帝不一定有，但救世主一定从来没有。
>
> ——吉云飞
> 《北京大学网络文学论坛报》创刊词之一

这套丛书收入的都是北京大学中文系研究网络文学的博士学位论文，作者大都是我所开设的网络文学研究系列选修课程的学生。这个课至今已经连续开设了十年，这些学生基本上是连续选课的。2015年，我们成立了北京大学网络文学研究论坛，形成了一个学术共同体，他们是最核心的成员。

十年前，我凭着"一腔孤勇"闯入网络文学研究领域，当时，一共就读了一部半网文[①]。感谢什么都能包容的北大，让我在这种情况下敢开网络文学研究的选修课；更感谢那些选课的同学们，带着他们多年隐秘的"最爱"，共同搭建起了这个课堂。最初选课时，他们大都是大二、大三的本科生，后来陆续读硕士、博士，拿教职，成为青年学者。我最高兴的，就是听见他们之中有人说，我本来没打算读博士的啊！这些当年偷偷读网文的孩子，他们长大了，写出了博士学位论文，于是，有了这套丛书。

我上大学的时候，听钱理群老师讲鲁迅，一直强调"历史中间物"的概念——"自己背着因袭的重担，肩住了黑暗的闸门，放他们到宽阔光明的地方去；此后幸福的度日，合理的做人"（《我们现在怎样做父亲》）。我的理解是，鲁迅先生认为，自己是"旧文化"养育长大的，虽然"反戈一击"，但骨子里难免是旧的。新文化应该由新人缔造，自己的任务是"清结旧账"，"开辟新路"，甚至不惜与旧文化同归于尽。

我们自然没有鲁迅先生那样的壮怀激烈和牺牲精神，但也应该有同样的自觉意识。今天，学术体制内拥有一定话语权的人，都是印刷文明哺育长大的。即使再锐意更新自己的知识结构，我们的情感结构、伦理结构、价值结构也是旧的，连我们的感官比率和感知模式都是旧的。[②] 所以，研究网络文学，终究是网络一代的事。师长辈的任务，就是好好利用自己手上的资源，搭好平台，把学生们送过去。

[①] 半部是我吃西红柿的《星辰变》，只读了当时出版的纸质书4本；一部是猫腻的《间客》。

[②] 麦克卢汉认为，媒介对人最根本的影响不是发生在意识和观念层面上，"而是要坚定不移、不可抗拒地改变人的感官比率和感知模式"。参见［加］马歇尔·麦克卢汉:《理解媒介：论人的延伸》，何道宽译，译林出版社，2011年，第30页。

我"蛊惑"过学生,"要为自己立法"。但也深知,最早的一批"立法者"要接受非常严峻的挑战:既要对全新的网络生命经验有深切的体悟能力和把握能力,又要在前无古人的情况下具有理论的原创能力和整合能力,同时还要有把生命经验、理论阐释落实进文学史梳理和文本分析的能力。我不敢说这套丛书的作者都过关了,但至少可以肯定,他们的写作是真诚的,都是奔着自己的核心问题去的。因此,他们各开一片天地,后来的写作者应该绕不过去。

丛书的第一辑共计七本书,按论文答辩的时间顺序,依次是崔宰溶《中国网络文学研究的困境与突破——网络文学的土著理论与网络性》(2011,书名改为《网络文学研究的土著理论》)、薛静《脂粉帝国——网络言情小说与女性话语政治》(2018)、高寒凝《罗曼蒂克2.0:"女性向"网文与"女性向"网络亚文化中的爱情》(2018)、王玉玊《编码新世界——游戏化向度的网络文学》(2019)、肖映萱《"她的国"——中国网络文学"女性向"空间的兴起和建构》(2020)、李强《中国网络文学的发生》(2021)、吉云飞《中国网络文学生产机制的生成》(2021)。①

崔宰溶博士是韩国留学生,现为韩国明知大学中文系副教授。需要说明的是,崔宰溶的博士学位论文不能算是我们团队的研究成果,而是我们研究的理论前导。2011年春季学期,他论文答辩的时候,我第一次开设网络文学研究选修课。当时特别有幸成为论文的答辩评委,读来有石破天惊之感。崔宰溶以韩国研究学者的视角沉潜入中国网络文学世界,对当时中国网络研究界存在的精英化、抽象化和过度理论化的困境,提出了直言不讳的批评(其中也包括对我文章的点名批评),并且建设性地提出了"土著理论"和"网络性"的概念作为突破的途径。这部论文的真知灼见,使我们团队的研究从起步阶段就有了一个较高的起点。此后在很多方向的拓展,也都受其影响。我认为,对于这位韩国学者,中国网络文学研究界应该说声"谢谢",我本人及北大研究团队是受益最深的。这次,非常荣幸邀请到崔教授加入丛书。经过十年的思考,他将对

---

① 正式出版时书名有可能变动。其中,李强和吉云飞的论文预计于2021年6月答辩。

论文做出进一步的完善和增补，十分值得期待。

薛静和高寒凝是我们团队最早毕业的两位博士。她们的论文主题都是爱情，探讨这一古老的感情模式在网络时代的转世重生。薛静写的是传统言情小说模式在网文中的转型；高寒凝写的是罗曼蒂克情感模式在虚拟空间的"系统升级"。薛静的论文以文本分析见长，尤其对"渣贱文"模式的分析，深透见底，使那样一种耻于言表的"症候性欲望"显形，这样的文学批评在任何时代都能单独成立。高寒凝的论文以理论见长，她的整部论文压在一个核心概念上——虚拟性性征（virtual sexuality），而这个概念是她自创的。寒凝答辩时，我真是为她捏一把汗，因为在场的评委大都是我的师长辈。没想到，评委老师们对她原创核心理论概念的勇气和能力大为赞赏，虽然"不大看得懂"。这篇论文在当天的答辩中被评为"优秀论文"，老一辈学者的包容和善意极大地鼓舞了后边要做论文的同学，大家都觉得这条路打通了！

此后，肖映萱也把"她的国"建立在自定义的概念"女性向"上。"女性向"是一个基础性概念，肖映萱和高寒凝都是中国最早使用"女性向"概念的研究者，在我们团队撰写的《破壁书：网络文化关键词》（生活·读书·新知三联书店，2018年）一书中，肖映萱即负责"女性向"词条的撰写工作。在博士学位论文中，她进一步完善了这一概念，这是她对网络文学研究的一大贡献。该论文对于网络文学研究的另一重要贡献是，对于"女性向"网络文学发展史进行了系统梳理，将"她的国"的建构过程落实在网络"女性向"空间的兴起、代表性网站的兴替、生产机制的变迁等几条脉络的史实梳理上。

李强和吉云飞的论文也建立在一手史料的挖掘和梳理上。李强致力于研究中国网络文学的发生环境和发生的动态过程，处理网络文学与传统文学及其背后制度环境的关系；吉云飞深入中国网络文学生产机制的内在机理，尤其对中国原创的、堪称中国网络文学高速发展的核心动力机制——VIP付费阅读机制——进行了全面研究，从而揭示其生成原因和底层运行逻辑。近几年来，我们团队一直在进行网络文学史料方面的挖掘和整理，肖映萱、李强和吉云飞是这个研究项目的领头人（leader）。

他们的论文是建立在史料的基础上,也是下一步即将合写的《中国网络文学发展史》的基础。

王玉玊的论文也具有很强的理论原创性。她从电子游戏的角度切入,问题意识的真正指向却既不是电子游戏,也不是网络文学,而是"栖居"于"基于数码的人工环境"的"网络原住民"的生存体验,并且提出"二次元存在主义"这样宏大的命题。我们团队的成员虽然大都是"90后",但也开始分出了"前浪"和"后浪"。基本上,1995年以前出生的属于"前浪",1995年以后出生的属于"后浪"。玉玊虽然是1992年出生的,却是"后浪"的领头人。"后浪"同学的论文更多的偏向电子游戏、二次元方向,更呈现出理论建构的欲望,也用到了数字人文的研究方法。如果他们能做出优秀的论文,将收入丛书的第二辑。

另外,需要特别表扬王玉玊同学的是,作为本团队唯一的"拖延症免疫者",她虽然不是最早答辩的,却是最早完成书稿的。由于是本丛书的"首发"作者,她受大家委托完成了与责编沟通版式、封面设计等各项工作。

在这个"用户生产内容"的课堂上,我一直是一个很弱势的老师。我的课堂长期由次第"继位"的"掌门"师兄、师姐们把持,我甚至在他们的怂恿下开了两次更外行的游戏课[①]。在课上,我一般都很慈祥,只是热衷看他们"撕"。从论文到成书,有一个漫长且痛苦的修改过程,有的简直是脱胎换骨。看着他们的心血之作被撕得体无完肤,也确实感到内疚。我得承认,我有个大大的私心。在我幻想的未来的"豪宅"里,会有一个大大的书架,其中最好的位置是留给这套书的。我煽情地对他们说:"我要收集的不仅是你们的博士学位论文,不仅是你们的第一部专著,还有我们共同度过的美好时光、你们各自的成长隐秘和无法重来的青春。"

[①] 傅善超:《我怂恿中文系的老师开了一门游戏课》,"触乐"微信公众号,2017年2月10日。

这些年来我们在一起做了很多事，共同主编了不少书①。我们以"粉丝型学者"的身份做过网文史导读（《典文集》），也以"学者型粉丝"的身份卖过网文"安利"（《好文集》）；我们曾遍访网文江湖，与创始者大佬们谈笑风生（《创始者说》），"为我们热爱的事物树碑立传"（薛静）；也曾辛辛苦苦地扒史料，整理录音，"我们的目标是历史！"（李强）；我们一起办了公众号"媒后台"，"为属于自己的网络文学发声"（吉云飞）；一起编了一本网络文化的"黑话词典"（《破壁书》），里面有"女性向·耽美"单元，"'女性向'是不死的！"（肖映萱），"全世界的姑娘们，你们都没有错！"（高寒凝）……很多个周末，我们是一起度过的。我偷了他们的花样年华，他们似乎也很欢乐。"因为，创造了这一切的，是爱啊！"（王玉玊）②

2021年元旦于北京大学
人文学苑平九·燕春园

---

① 我们一起编的书主要有《网络文学经典解读》（邵燕君主编，北京大学出版社，2016年）、《破壁书——网络文化关键词》（邵燕君主编，王玉玊副主编，生活·读书·新知三联书店，2018年）、《网络文学二十年·典文集》（邵燕君、薛静主编，漓江出版社，2019年）、《网络文学二十年·好文集》（邵燕君、高寒凝主编，漓江出版社，2019年）、《中国网络文学双年选2018—2019（男频卷）》（邵燕君、吉云飞主编，漓江出版社，2020年）、《中国网络文学双年选2018—2019（女频卷）》（邵燕君、肖映萱主编，漓江出版社，2020年）、《创始者说：网络文学网站创始人访谈录》（邵燕君、肖映萱主编，北京大学出版社，2020年）、《新中国文学史料与研究·网络文学卷》（邵燕君、李强主编，南京师范大学出版社，预计2024年出版）。

② 我和学生们一起编书时，一般是我写序言，他们写后记。以上薛静的话来自《典文集》后记；王玉玊的话来自《破壁书》后记；肖映萱的话来自其博士学位论文结语；吉云飞和高寒凝的话分别来自他们为《北京大学网络文学论坛周报·男频周报》和《北京大学网络文学论坛周报·女频周报》写的创刊词，发表于《名作欣赏》2015年第19期、第25期；李强的话来自他创建的史料工作微信群名。

目　录

导　言 ... 001
　　一、从爱欲进入历史 ... 002
　　二、消费主义、性别平权与大众文化的多重奏 ... 014

第一章　"虐"以自省：以高干文、总裁文为例 ... 036
　　一、言情小说的网络转型 ... 039
　　二、虐恋情深的心理模式 ... 046
　　三、"总裁爱我"将走向何方 ... 060

第二章　"穿"回过去：以穿越文、重生文为例 ... 066
　　一、虚假的"另类选择" ... 069
　　二、如何来"重写历史" ... 079
　　三、后穿越时代 ... 085

第三章　"狠"亦无奈：以宫斗文、宅斗文为例 ... 093
　　一、丛林法则下的生存困境 ... 096

二、泯灭的爱情能否重燃　　105

　　三、从情敌到情人　　116

第四章 "强"的反转：以女尊文、女强文为例　　119

　　一、新规则的"设定"　　121

　　二、女皇的登基与退场　　124

　　三、"她历史"的呈现　　136

第五章 "甜"的底气：以职业文、甜宠文为例　　144

　　一、从职场小说到职业文　　147

　　二、理想的爱情如何重塑　　158

　　三、"女性乌托邦"的功能与隐患　　167

结　语　　171

　　一、从西方女性主义到网络女权运动　　174

　　二、女性群体的分化与统和　　176

　　三、女性话语政治与中国话语资源　　178

参考文献　　181

后　记　成为女性的那一天　　188

导 言

> 琼瑶的、金庸的、古龙的、托尔斯泰的、阿加莎·克里斯蒂的……我自己觉得所有的书都对我有影响，只不过影响不是一下子呈现的，而是综合交错地呈现出来的。
>
> ——桐华[①]

2011年，偏安一隅、野蛮生长多年的网络文学，因为《步步惊心》和"穿越类型"，开始进入大众的视野。彼时人们对网络文学，特别是网络言情小说的印象，还停留在"没文化的人写、没文化的人看"。而《步步惊心》的作者桐华，以北京大学光华管理学院毕业生的身份，多少改变了一些旁观者的刻板印象。

在这次《中国青年报》对桐华的专访中，谈及自己的阅读史，桐华提到了一连串名字：琼瑶、金庸、

[①] 宏虹、李丽萍：《〈步步惊心〉作者桐华：中学是个疯丫头》，《中国青年报》2012年12月10日。

古龙、托尔斯泰、阿加莎·克里斯蒂……如果加上此前各种采访中谈到的《儒林外史》《孽海花》和《官场现形记》，喜欢《红楼梦》但读不下去《三国演义》，这份阅读清单还会拉得更长。这份长长的阅读清单，一方面昭示着，即便看上去是供人消遣的网络言情小说，也同样扎根于中国的文学与文化传统中，网络文学的日渐繁荣不是中国文化的沦丧、文学精灵的消亡，而恰恰是这个时代选择了以这种媒介形式来讲述自己的时代故事；另一方面，从琼瑶的个体与爱情到金庸的家国与认同，从《儒林外史》的社会讽喻到托尔斯泰的人间百态，从《红楼梦》里封建家族的行将就木到阿加莎·克里斯蒂侦探小说的中产阶级审美趣味，网络言情小说的根系构成绝非想象中的那么简单，而是诸种脉络"综合交错地呈现出来"。

本章试图梳理的，就是网络言情小说的"前世"与"今生"：在中国漫长繁复的历史中，它如何穿梭而来，又汲取了哪些文学、思想与社会资源；在当今中国的消费主义时代中，它又如何且思且行，用文学的形式回应着时代的命题。

一、从爱欲进入历史

1. 文学资源

几乎所有网络言情小说作家在谈及自己的阅读经验时，都会将《红楼梦》奉为圭臬。《红楼梦》中细致绵密的闺阁描写、各具情态的人物形象、错综复杂的社会关系、盛极而衰的家族传奇，以及最后"白茫茫一片大地真干净"的结尾余韵，都成为后世诸多落笔言情，然而心志又不止于言情的作者所赞赏的典范。

中国古典文学行至《红楼梦》的高峰，进入民国时期，在通俗文学中又演化出两种表现形式：一是张恨水，借儿女之情言家国之事，在社会变革和民族危亡中向外开拓，讲述儿女之情背后的与时代民族的共振；一是张爱玲，言情之笔刻画人性之深，个人际遇的颠沛流离让她向内挖掘,描述出了人心人性在时代风霜中被切磋琢磨的过程,刻画出特殊时刻中人们难以言喻的微妙情态。

张恨水被誉为中国现代文学史上的"通俗文学大师第一人",他的作品在当时流行之广、影响之大毋庸赘言。值得关注的是,张恨水在通俗小说的写作过程中始终清晰地抱有创作的最低要求与最高标准,并且对如何在这一区间游走怀有高度的自觉。其创作的最低要求,是"文在易米",张恨水曾经非常坦诚地自述:"我的全家,那时都到了北京,我的生活负担很重,老实说,写稿子完全是为的图利,已不是我早两年为发表欲而动笔了。所以没有什么利可图的话,就鼓不起我的写作兴趣。"① 而创作的最高标准,则是"救世济民",置身于天灾与战乱之中,张恨水也开始追求"吾做小说,如何使人愿看吾书,继而更进一步思之,如何使人读吾之小说而有益"。"不仅让人看了愉悦,还应让人从中受到教育。"②

无论是"文在易米"还是"救世济民",付诸实践,都是需要让作品被更多的读者看到。张恨水从事新闻业30多年,作品在报纸连载,每天版面500~1000字。为了达到引人入胜的效果,张恨水自觉地寻求在每次有限的连载篇幅内营造高潮、设置转折、制造悬念,"比方说,这一段写到最后收尾的时候,你说明天要去干什么,读者就会想要知道某人明天去干什么,一定要继续看下去。有的时候可以声东击西,如说某人要去北京,读者以为他要去北京,而我最后却让他去武汉;有时候可以要虚笔,说某地要发生战争,但事实上没有发生。这样就能抓住读者读下去,有时写到那里没有什么关子可以写,你如果能把文字尽量修饰得美一些,也可能收到同样的效果"③。对市民社会、读者接受的充分考量,已经成为张恨水创作时近乎本能的反应。

既不掩饰卖文的经济目的,又不放弃写作的教化追求,张恨水的最低要求与最高标准,成为后世通俗文学创作者们的一种标准的行为规

---

① 张恨水:《写作生涯回忆》,人民文学出版社,1982年,第28页。
② 张恨水:《写作生涯回忆》,人民文学出版社,1982年,第32页。
③ 张恨水:《张恨水全集·写作生涯回忆》,北岳文艺出版社,1993年,第254页。

范。而在报纸连载的豆腐块里辗转腾挪,注重作品的节奏和关子、读者的感受与反馈,则为同样求订阅、须日更的网络言情小说提供了范本。更富有隐喻色彩的是,张恨水尽管是通俗大师,但是在新中国成立后的文学史中却甚少被提及,直到2003年由他的同名小说改编的电视剧《金粉世家》火爆荧屏,他才逐渐走进当代大众的视野,而此时正是网络言情小说的第一个繁荣期。这种前辈通俗大师的影响,既存在于从作者创作到读者接受的审美层面,亦成为从文字到影视的网文发展之路的某种预设。

以"爱情"为中间物,如果说张恨水想要展示的是更为宏阔的家国历史,人物的命运与爱憎被时代的浪潮所裹挟,那么,张爱玲则沉潜到人性的内部,在片刻的动情、拙劣的把戏和幽暗的心机中,看到了人生尽头的荒芜,所谓男女,所谓爱情,都不过如此。张爱玲同样会写大时代,但是时代于她,与其说是原因,不如说是引子:《倾城之恋》中的白流苏和范柳原,一个是以爱谋生、待价而沽的失婚女,一个是恋而不爱、风流浪荡的富家子,"欲钓金龟婿"碰上"空手套白狼",拉锯之间战况胶着,战火袭来香港沦陷,城都没了,两个以感情为牌面、以利益为筹码的凡夫俗子,才栖栖惶惶地抱团取暖起来。香港沦陷也好,抗战胜利也罢,都是普通都市男女表演或表露感情的一个场景而已。

张爱玲的言情小说超越了古典悲剧的范畴,而散发出现代主义的悲凉,从本质上说,是因为她从头至尾都在消解崇高。夏志清评价张爱玲:"人的灵魂通常都是给虚荣心和欲望支撑着的,把支撑拿走以后,人变成了什么样子——这是张爱玲的题材。"[①] 在网络言情小说作家的阅读清单里,从匪我思存到辛夷坞,从寐语者到缪娟,都会提到喜欢张爱玲。当然部分原因是所有写爱情小说的作家里,只有曹雪芹和张爱玲算是进入了严肃文学的经典殿堂,说起来最不会丢人跌份。另一部分原因,就是张爱玲这种"消解崇高"的苍凉姿态,其实是20世纪90年代启蒙主义理想破灭以来人们的共同心态,也是网络言情小说开始创作的起点。在

---

① 夏志清:《中国现代小说史》,香港中文大学出版社,2001年,第260页。

网络言情小说的此起彼伏的代际传承和类型更迭间，如何用新的方式克服和超越这种"已经被看透"了的爱情、这种人性与人生的荒谬和空虚，如何把人的皮囊重新撑起来，即便没有了虚荣和欲望，成为网络言情小说作家创作时面对的元命题。

进入 20 世纪 80 年代，中国内地（大陆）开始经历从禁闭走向开放的社会转型期，以金庸和琼瑶为代表的港台通俗文学涌入内地（大陆）。无论是武侠的"以武犯禁"，还是言情的"爱大过天"，都是试图在既有的统治秩序、家族传统之外，建立一个以民间道德和个人意愿为标准的新体系。琼瑶热由此成为风靡一时的大众文化现象，并以 1998 年《还珠格格》的成功达到顶峰。在这部电视剧中，会武功的小燕子恰巧贯通了"武侠"与"言情"双重主题，呈现出了"身体"与"情感"的双重自由。琼瑶的作品虽然经历了从"赞颂小三"到"维护正妻"的转向，但是无论女主人公处于怎样的位置，其获得合法性的核心原因只有一个，那就是爱。因为爱情，天然正义。在琼瑶的爱情观中，为了爱情，可以不顾家庭、阶级，甚至道德伦理。这种对绝对纯粹之感情/个人表达的追求，成为琼瑶热全盛期的时代精神的代表，当然，也成为琼瑶热衰落时社会转向的侧写。

值得注意的是，在整个台湾地区，通俗言情小说的创作，主流都是比较纯粹和单一的。这种"纯粹"既有唯情的，例如，琼瑶之后，席绢、于晴、沈亚、林晓筠等年轻一代言情作家，尽管也不断拓展题材，将武侠、科幻的元素融入言情，但是总体而言，作品诉求仍旧是清浅简单的。这种"纯粹"也有唯欲的，除了有琼瑶、席绢这样作品被封为流行经典、摆入书店的，还有大量出没于租书屋的"口袋言情"。20 世纪 90 年代，台湾希代、万盛、狗屋、禾马、飞象等出版社，每月都会推出二三百本言情小说，大量出售给台湾各种生活社区附近的租书店。这些小说大多采用 64 开本的"口袋书"形式，内容粗制滥造，没有品质可言，却因露骨的情色描写在青春期读者群中格外流行。相比于同时期大陆出现的标榜女性文学的"身体写作"，打着女性主义、解放身体的旗号，满足男性审美和商业目的，台湾的口袋言情却是在悄无声息中真正满足着女性的欲望想象，也成为网络文学发展的重要资源。著名文学网站晋江文学城建立之初，就是扫描了大量台湾言情小说作为基础资源，早期作者亦会通过网站联络这些台湾出版集团寻求纸质出版。因"贩卖淫秽物品牟利罪"获刑的网文作者长着翅膀的大灰狼，其作品的色情倾向就与"口袋言情"息息相关。而红袖添香、潇湘书院的首页榜单上，各类热门作品的书名几乎就是"口袋言情"的翻版。尽管台湾通俗言情都比较浅白，然而却为我们直观展现了女性，特别是小资产阶级女性的情感与身体诉求。

不同于台湾言情的"爱情大过天"，同一时期的香港言情奉行的则是爱情"重要但轻贱"：从亦舒到梁凤仪，看似在写言情，实际上始终搁置着"爱情"二字，不说相信，也不说不信，她们打心眼儿里轻视这个，但又心知肚明大家看重这个，于是其制胜法宝就是要在这一轻一重之间将"爱情"作价卖掉，而且要姿态好看。

亦舒写作的20世纪80年代，正是香港经济迅速腾飞的时期。螺蛳壳中做道场，发展以出口为导向的外向型经济，以劳动密集型产业优势拿下欧美等先发国家在经济转型时移交海外的蛋糕，这就需要充分调动本港资源。女性作为重要劳动力进入社会参与生产，则成为经济发展的重要战略。因而香港虽然精神上备受广东传统重男轻女思想的影响，时至今日的八卦小报嘲讽起女明星来也狠厉到没有底线，但行动上总也还是诚实，香港女性的社会化、职业化程度一直在亚洲名列前茅。正是在这种保守思想和先进行动的矛盾中，才酝酿出了别具特色的港式爱情小说。在代表作家亦舒的笔下，爱情固然可贵，但重要的还是女性要拥有自己的安身立命之本。对有才的女子来说，出门工作自挣薪水；对有貌的女子来说，把这份色相好好兑换成资本。爱情是马斯洛金字塔的上层，面包和牛奶才是每天都要面对的下层。因而爱情是件奢侈品，只有自己衣食无忧，才有追求纯粹感情的底气，否则布衣怀璧，饥寒交迫之时还是要卖掉的。

相较于琼瑶在20世纪八九十年代的流行，亦舒虽然出道于同一时期，但她的作品真正在内地从小众进入大众，还是进入21世纪之后。随着内地的经济发展逐渐进入中产群体壮大的阶段，亦舒的作品才有了能够接受的读者群体，而且这种接受还伴随着一个十分复杂的博弈过程。如果说台湾的琼瑶式言情带有小资产阶级感伤风，那么，香港的亦舒式言情就有几分中产阶级焦虑症——她们没有底气心安理得地拥有爱情，而总是惴惴不安地想把它作价卖掉。因而亦舒的小说，总是开篇精彩，各个女主不但都是惊艳亮相的美女，而且难得头脑清楚，晓得进退分寸，知道得失取舍，但是到了故事后半部分，就不免失去一些趣味，《印度墨》也好，《喜宝的故事》也罢，最终美人服膺豪门，看客不得不承认这是最冷静的选择，但终究替她们意难平。曾经接受过启蒙理想与爱情神话的女性群体，尽管面临神话的破灭，也不愿这么轻易地抛售爱情。而同一时期进入内地的TVB港剧，则用众多英姿飒爽的职业女性，重塑了原教旨的"亦舒女郎"：她们更大程度地脱离了传统观念的束缚，没有绝色美人的光环，却有独立理性的精神，认真地将工作视为事业而不只是饭碗。在事业与爱情间做取舍，比起在面包与爱情间做取舍，姿态当然更加好看，也更加有"持有"但不"抛出"的底气。而今日的网络言情小说，则希望在"亦舒女郎"的基础上更进一步，既然我有能力自食其力，也有能力坚持单身、等待爱情，那么我能否主动寻找、创造，甚至"买入"爱情？

网络言情小说看似通俗浅易，却扎根于中国的文学传统。这其中既有以张恨水为代表的民国鸳蝴派近乎自觉地注重受众的广度，又有张爱玲一枝独秀地不断探寻人性的深度。而台湾的琼瑶式言情小说、香港的亦舒式言情小说，分别带着小资产阶级感伤风和中产阶级焦虑症先后注入网络言情，为之丰富了不同的风格和向度。潜藏于地下的台湾租书屋"口袋言情"，为网络言情小说直面女性的性欲望与性幻想提供了先导；大陆昙花一现之后归于沉寂的青春文学写作，其中的校园爱情小说，也为以新媒介形态出现的网络言情小说准备了充足的作者和读者资源。网络言情小说作为通俗的文学，在"通俗"的维度上，它和大众、市场始终保持着密切的互动，体察着人们的需求，抚慰着人们的焦虑，满足着人们的匮乏。而在"文学"的维度上，在政治退居幕后、经济跻身台前的今日，网络文学，特别是易于改编的网络言情小说，成为 IP 经济的核心，将一度边缘的文学重新带回了社会生活的主流。

2. 思想资源

晚清时期，伴随着西方现代思想的传入和民族救亡运动的兴起，女性解放的议题也浮出水面。但各种女子学堂的建立，实际上不过是空洞的躯壳，封建统治阶层想要借此转移社会矛盾和政治压力，资产阶级改良派则期冀以此作为引进西方文明的通路。由于换汤不换药的改良无法拯救中国，革命的浪潮带来了离家出走的娜拉，向往广阔天地的青年女性先后挣脱封建宗族的家庭和资产阶级小家庭的束缚，然而，"娜拉走后怎样"？不是堕落，就是回来。无论是封建体制还是资产阶级，都没有能够给女性创造新的主体位置。

相较于资产阶级"新贤妻良母"的换汤不换药，中国共产党则给出了第三条道路，这就是"延安新女性"。面对救亡图存与政权建设的双重目标，中国共产党敏锐地发现了"女性"不是渠道，而是对象，是人数庞大却未经发掘的政治、经济力量。从 1939 年起，中国共产党开始实施一系列强有力的妇女政策，展开了对女性的改造收编。从大城市进入延安的知识女青年，通过中国女子大学，以"制造艰难—克服艰难"的过程，完成了自我修行，形成了与革命相似的情感结构，投身于革命运动和公共生产。在一年一度的三八妇女节仪式性的纪念活动中，"延安新女性"的历史共名被赋予这些崭新的历史主体，将从封建秩序中解放出来、资产阶级无力收编的中国女性纳入了集体主义。

与此同时，成为妇女干部的延安新女性，运用自己的职业身份，向基层农村妇女传播中国共产党的妇女政策，开发农村妇女的生产潜力，通过织布、纺纱等劳动产出可供交换的手工制品，为她们提供通过获取经济收入提高自身家庭地位的方法。

新中国成立之后，承袭了延安道路的中国共产党，引入"女拖拉机手""铁姑娘"等形象，弱化性别斗争，歌颂女性通过承担传统男性的社会责任达到男女平等。然而，这一妇女解放路线，尽管赋予了女性广阔的社会活动空间，大大提高了女性的职业化和社会化程度，为她们建立了主体想象、提高了经济地位，但同时也压抑了女性在社会角色和文化表达上的独特性，而且在家务劳动和育儿的社会资源极度欠缺的情况下，女性为了进入历史叙述，获得社会身份，必须承担家庭和社会的双重责任，并且被认为是理所当然。重压之下，丁玲等女性先驱也曾发出了与彼时妇女政策不同的喧闹论争，但具体到解决方法，即使女性自己，也不免主动向抗日救国和社会建设让道。自延安时期到"文化大革命"阶段的妇女政策，成为政治和女性博弈权衡的结果。

将封建制度崩溃后碎裂出的个体重新收编到国族集体的宏大叙事之中，这一进程随着"救亡"主题在国家民族层面和阶级斗争层面的双重结束而终止，伴随而来的是"新时期"带来的"再启蒙"。"文化大革命"结束后"新时期"的中国社会，对内急需清理此前30年的中国文化，建立评定"文化大革命"的叙述模式，对外则大量引进西方文化，以再启蒙的方式，通过建构个人自由、国家民主的想象，为进入现代化铺路。爱情模式的建立，则是这两条路径的交合点。

1979年曾引发全国大讨论的张洁小说《爱，是不能忘记的》[1]，引用恩格斯"没有爱情的婚姻是不道德的"这一论断，通过女作家和老干部跨越岁月的精神相知，一面否定了革命组织家庭的婚姻模式，对新中国成立以来的集体话语压倒个人话语加以反拨，一面以"爱情断念"[2]的方式将"文化大革命"悲剧整合到道德范畴之中。爱情断念有别于爱情悲剧，爱情没能在其中获得延续或展开，甚至未能发展出这段爱情——那个完

---

[1] 《爱，是不能忘记的》，张洁所著中篇小说，发表于《北京文艺》（后更名为《北京文学》）1979年11月号。作品讲述了女作家和老干部的精神之恋，哪怕在老干部和女工人结成革命家庭之后，女作家仍然默默惦念，不能忘记。发表后随即引发社会广泛讨论，黄秋耘《关于张洁作品断想》（《文艺报》1980年第1期），谢冕、陈素琰《在新的生活中思考》（《北京文艺》1980年第2期）两文对作品中自由无拘的人性、真挚纯洁的爱情加以肯定，而李希凡《"倘若真的有这样的天国……"》（《文艺报》1980年第5期）、肖林《试谈〈爱，是不能忘记的〉格调问题》（《光明日报》1980年5月14日）两文则因作品中的婚外恋、知识分子对革命家庭的挑战、小资产阶级倾向而加以否定。而从整体上看，将作品定位为探索社会与人性，肯定直面人内心情感的创作，成为评论和此后创作的主流。

[2] "爱情断念"这一说法参考了2014年9月戴锦华在北京大学"中国电影文化史"课堂授课中对于新时期中国电影和第五代导演的论断。

美无瑕的爱人无奈离去的背影，作为有效而空洞的能指，承载了人们在"文化大革命"中经历的伤痛；与此同时，"新时期"对自身的表述，也就带有了重新表达爱情、追回爱人的意味。舒婷的《致橡树》作为一代人的爱情宣言，赞美橡树正直伟岸的形象，自己也愿化身为木棉不断奋斗、与之并肩，"根，紧握在地下／叶，相触在云里"[①]——在爱情对象身上，人们寄托了过去已经错失但未来必须追寻的一切真善美，追随爱人也就成为个人解放、追求理想的同义词。

在"爱情神话"的建立中，女性的主体位置也发生了微妙的变化。身为"新女性"或"铁姑娘"的女性，第一次通过自身的劳动在历史之中获得了身份，家庭与社会的双重劳动尽管繁重，却为她们提供了证明自己"如男／不比男性劣等"的机会。无论是婚姻家庭，还是社会职业，都是她们广义上的"工作"，是她们自我实现的方式。而在"爱情神话"中的女性，则通过"爱情"这一关系，在"身份"之上，获得了某种"价值"的认可。茫茫人海之中，优秀的女性会有一个和她一样喜欢契诃夫的男性如同橡树般伟岸，与之携手并肩，共担风霜。那些文学作品中不被爱的女二号，要么是木讷无趣、没有文化，要么是只懂攀附、只会炫耀。只要足够优秀，"爱情神话"便许诺给你完美的爱人——这是十足理想主义的承诺。男性的角色从评价女性的标尺，转化为可以与之互动、价值互通，以爱之名相互认可的另一半。家庭和婚姻，则成为爱情的最终归宿，而不再是另一个工作的场所。尽管家务与育儿的问题仍旧被搁置，但爱情的平等却又暗示了婚姻家庭平等的某种可能。

随着20世纪八九十年代的政治与经济变迁，在启蒙与再启蒙之后，经济建设成为人们埋头苦干的首要理由，社会重新回到需要丛林法则的时代，昔日的婚姻与家庭关系变得日益脆弱。当两个年轻人的结合需要两家人举全家之力凑出新房的首付时，房产证上的名字有谁没谁、未来偿还贷款谁多谁少，就成为需要被特别提出的议题。对偶制夫妻组成的家庭，已经不再能够就共同财产达成盟约、形成壁垒、完成延续，人们

[①] 舒婷:《致橡树》,《诗刊》1979年第4期。

的安全距离从核心家庭坍缩到个体。

而在社会实践层面上，中国男女性别比例逐渐增大，男性数量远大于女性，但高等院校、城镇居民中的女性数量却大于男性，后一种情况在未婚群体中尤为突出，以至于过了社会一般认为的适婚年龄但仍未结婚的女性被污名为"剩女"，这个词甚至进入2007年教育部发布的《中国语言生活状况报告（2006）》中，成为171个汉语新词语之一。对"丛林法则"中被指认为底层的男性和拼杀出血路终于出头的高层女性而言，他们甚至连面对婚姻问题的机会都很少。"爱情神话"允诺的"理想爱人"并未出现，反而随着启蒙理想的坍塌和社会环境的严酷，遭遇了双重的破灭。

就在这万般破灭的一片废墟中，女性开始重新思考个体、爱情与婚姻的意义，试图重建不基于男性、爱情或婚姻的个人价值。而网络言情小说，则成为进行这一思想实验的空间。通俗、消遣、YY（意淫）之下的"白日梦"，极大缓解了当代女性在现实生活中的精神焦虑，形成了一套自我疗伤机制。更重要的是，在网络言情小说的演进过程中，除了暂时性的抚慰，作者和读者都在探索着能够重建信念、重获解放的价值体系。网络言情小说的作者和读者大多是女性，而且是能够满足自身温饱、主动寻求精神世界满足和个人主体意识的中产阶层或准中产阶层女性，她们继承了延安道路中女性解放的既有成果，强调女性的独立化和职业性，同时又试图在女子"如男/不如男"的话语体系基础上向前推进，建构不以男性作为判断基准的、独立自主的女性价值体系。她们仍旧怀有启蒙时代对"爱情神话"的美好向往，但也能够反思"爱情"的本质化和神圣化。如果说延安时期的女性是在向历史邀宠、爱情神话中的女性开始与男性对视，那么，网络言情小说培育的一代女性则开始证明自己。

3. 社会资源

网络文学改编影视剧的潮流自2010年开端，经过2011年、2012年《步步惊心》与《后宫·甄嬛传》两部剧的收视佳绩，到了2013年、2014年，各种类型作品的改编全面开花，直到2015年，整个影视行业几乎言必称"IP",而网络文学原创作品则成为 IP 经济的核心。进入 2016 年后,各大文学网站榜单上出现的作品,几乎都已经被影视公司本着"先下手为强"的原则抢购一空,根据各自公司的不同特点深入挖掘榜单之外具有潜力的小众作品,同样也在进行。

在这些改编作品中,因为影视剧的观众群体女性居多,而女性向网络文学中,网络言情小说的题材安全、操作难度较小、制作成本弹性大,因而影视转化率尤其高。在 2007—2016 年网络文学改编影视剧中,出自网络言情小说的约占 83%。晋江文学城副总裁刘旭东曾在接受采访时表示,"通常我们会将电影、电视剧、网剧版权分开出售,如果打包出售的话,相当于贱卖。只要这三种类型有一种火了,另一个版权价格就应该抬高"①。

网络言情小说的影视化风潮,促使网络文学内部发生嬗变,直面更加主流的大众文化群体。一方面,在网络言情小说中,不乏相对超前,甚至激进的女性主义实验元素,在从网文小圈子走向影视大众化的过程中,影视改编对原著做出了怎样的剪裁取舍、改造加工,就成为值得对比分析的材料,而哪些作品成为影视爆款,引发了广泛的反响和讨论,亦成为时代精神的一种表征。另一方面,面对层出不穷的热门网络言情改编影视,网络言情创作内部既有复制"套路"的跟风之作,又有完善"套路"的集大成文,更有反思"套路"、解构"套路"、超越"套路"的创新之作。影视改编带来了更为广泛的受众群体,这些外层受众与网文圈内核心受众之间的频繁互动,也为网络文学从写作手法到价值体系的创新尝试带来了"内测"之后"公测"的机会,增加了这些实验性尝试的现实维度。

例如,虽非典型的网络言情却仍是女性向作品的《琅琊榜》,从原著小说到改编剧作,固然保留了霓凰郡主、女谋士秦般若、悬镜司史夏冬等女性形象,却对她们的情感走向和人物形象做出了细微的调整。原

---

① 喻若然:《网络小说 潮涌影视》,《综艺报》2015 年第 8 期,转引自微信公众号"综艺报",https://mp.weixin.qq.com/s/Ipr_w1jigT2LT-6hJOMjyg,发布日期 2015 年 4 月 15 日,查询日期 2023 年 11 月 12 日。

著中，霓凰郡主虽然曾与林殊有过婚约，但是林殊"死亡"的噩耗传来，霓凰悲痛过后，也将感情转付他人，爱上了与自己并肩作战的、林殊的副将聂铎。电视剧中，霓凰则是一心一意苦等林殊13年，屡次拒绝皇帝的招婿安排，可谓从一而终。原著中女谋士秦般若只是借誉王之手意图光复滑族，对誉王本人没有爱情，更对王妃之位毫无兴趣，她的目标始终是重建属于滑族的女性王国，换句话说，她渴望的是自己成为滑族女王。但是般若的这一宏愿，却在电视剧中被与誉王男女之情的暧昧、誉王滑族血统的亲缘双重削弱。至于悬镜司史夏冬，也是从原著中与哥哥夏秋面貌相同、雌雄莫辨，改为带有英气的女性形象。当《琅琊榜》小说中的这三个女性形象分别拷问着一个女性能否具有和男性分享同样容貌、同样雄心、同样情感选择的自由，《琅琊榜》电视剧却轻巧地回避了这些问题，将她们处理为传统价值体系中可以接受的、有铁腕亦有柔情的职业女性。虽然这一处理有些避重就轻，但是相对于充满着婆媳争吵的电视荧屏，英姿飒爽的女性形象，也已经是一股清流。

如果说这种细微的改动还是"春风化雨"，那么，带有典型网络文学设定的作品每次输出大众，都会引发"腥风血雨"。从《致我们终将逝去的青春》《匆匆那年》引发的怀旧青春电影风潮到《步步惊心》引发的"穿越热"与官方"反穿越"，再到《甄嬛传》带来的"宫斗剧是控诉封建还是比坏斗狠"大讨论，还有《杜拉拉升职记》《浮沉》《外科风云》等职场类型兴起背后的网络女性主义，以及《最好的时光》《致我们单纯的小美好》讲述校园纯美故事背后的甜宠类型重归……网络言情小说的每次改编似乎都能踩中社会的痛点，引发一次又一次现象级的全民讨论。但是在这些热点的爆发之前，是大量网络言情小说在作品、创作与受众上的充足准备，从网络文学内部诸种类型的竞争中取胜；在这些热点爆发之后，则是网络言情小说借此吸收反馈，在不同类型此消彼长的过程中酝酿革新。如同从《致我们终将逝去的青春》到《致我们单纯的小美好》，表面上虽然是流行总是轮回、校园之后又是校园，但是内里却是从"你们的青春都在忙着打胎"的虐到"所有的美好都与你有关"的甜。借由影视风潮引发的社会讨论，成为网络言情小说的社会资源，由此推动了它的内部演变，完成了整体的螺旋上升。

因此，本书在对网络言情小说进行总体性论述的过程中，对于作品和类型的选择，参考了它们的影视状况与受众反馈，力争各个文本能够在网络文学内部演变与外部接受中取得平衡。而在对具体作品的分析、对文化现象的解读中，本书同样借用了部分虽不是直接改编自网络言情小说，但是与其保持着内在关联的影视作品。网络言情小说与当代社会文化之间，始终保持着有机互动的关系，因此，网络言情小说才成为这个时代最敏感、最生动的镜像。

二、消费主义、性别平权与大众文化的多重奏

1. 从"全球化"到"逆全球化"

18世纪后半叶的美国革命和1789年的法国大革命，让"人民主权原则"通过战争得以确立，而在1806年的耶拿战役中，拿破仑打败普鲁士君主政体，则将这一原则传播到更广泛的地区。黑格尔在此时，首次提出了"历史的终结"，这种"终结"并非是指此后不会再有新旧制度的变革，或者国家之间的战争，而是指在"人民主权原则"之中，人类已经找到了一个普遍的共识，这就是寻求"承认"的需要。这一观点被弗朗西斯·福山所继承，并在冷战结束之际再次提出，在寻求相互"承认"的道路上，"自由"和"民主"这两枚路标，已经具有不可动摇的象征意义，无论是哪种政治体制，都在实践中将此作为建立的基石，或者对话的对象。

黑格尔或福山的"历史的终结"之于现实政治，其实如同1899年的跨世纪之夜上，威廉·汤姆逊的那句新年祝词："物理学的大厦已经全部建成，今后物理学家只是修饰和完美这座大厦。"当纵深层面的政权体制探索暂时告一段落，人们对于"承认"的追寻则开始向更广泛的层面进发。冷战结束之后，全球化趋势以近乎报复性的势头迅猛发展，沟通世界的各个角落。不同国家和地区的人们走向世界，在资源的全球流动中，

试图确立自身的位置，在更广的范围内标定价值、寻求承认。

市场经济的内在规律不断要求在更大的空间内实现资源的合理配置，而冷战结束的政治环境，以及第三次科技革命带来的通信技术发展，则为全球化提供了必要的条件。在全球化的过程中，人力资源有了"世界价值"与"世界价格"，人类个体获得了全球坐标体系内的位置，在自由的迁移流动中满足被承认的需求。各个地区之间也在博弈中承担起全球贸易体系内的不同角色，构成相互依存、密不可分的统一整体。人类共享着技术创新和科技革命带来的飞跃性成果，也共担着环境污染和能源短缺带来的风险与危机。

表面看来，全球化如同流水一样，让世界浸染于共同的价值体系，达到了水面之上的绝对公平，但是水面之下，却是不同发展阶段的文明，都被来势汹汹的全球化裹挟到了同一条赛道之上，千沟万壑的不同地貌被掩盖，看似天下大同，实则危机四伏。所谓的"绝对公平"，暗含的是一个建立在丛林法则之上的"绝对竞争"：无论是国家还是个体，所取得的地位和承担的角色，都是由你自己决定的，天助自助、愿赌服输。

> 实际上这种信仰提倡的是强者对弱者的"自由竞争"，资本对劳动的"自由竞争"，强国对弱国的"自由竞争"。这种信仰表面上赋予了强者和弱者同样的自由，但是在这种"自由"面纱下，是强者对弱者的统治，强者对弱者的掠夺。[①]

获得承认的前提，是接受丛林法则之上，全球价值体系的唯一标准。广泛的相互承认需要基于普适，然而全球化下的普适却在悄无声息中蚕食份额，进一步封闭其他价值体系的可能。

> 记住，我们的基本信条是：我们被允许想象另外的可能。现存的统治已经破裂。我们并非生活在最好的可能的世界。但前面有一

---

① 黄树东：《选择和崛起：国家博弈下的中国危局》，中国人民大学出版社，2009年，第76页。

条很长的路要走。我们面临确实困难的问题。我们知道我们不要什么。但是我们要什么呢？怎样的社会组织方式可以代替资本主义？怎样的新的领导者是我们需要的？记住：问题不在于腐败或贪婪。问题在于推动我们放弃的这个体系。要留心的不仅是敌人，还有虚假的朋友，他们已经在试图瓦解我们的努力，以如下的方式：让你获得不含咖啡因的咖啡，不含酒精的啤酒，不含脂肪的冰淇淋。他们将努力使我们的行动变成一场无害的道德抗议。①

齐泽克在"占领华尔街"运动中的讲话振聋发聩，他恰切地指出了目前人类所面临的最大危机，不是全球化竞争中包裹在糖衣之下的强者对弱者的各种掠夺，我们所需要的抗争，也不是在这个千疮百孔的制度之上怎样打上补丁，用一些"公平贸易咖啡""环境友好标志"来给沟壑处垫脚。"另类选择的丧失"导致现今的政治制度与经济体系已经没有了自我革新的内在动力，任何不提出另一选择的抗议，都将成为被"老大哥"慈祥目光所宽容的撒娇。

"占领华尔街"运动所反映的，也正是这一批在全球化趋势里沦为"现代化输家"的群体。全球化趋势给社会带来了频繁的政治、经济、文化变动，这些变动都要求社会个体不断做出调整，那些无力在浪潮冲击中顺势而起的群体，都成为丛林法则中被强者掠夺的对象。这既包括信息闭塞、教育落后的底层百姓，也包括从事实业、缺乏资本的一般民众，无论发展中国家还是发达国家，这些人或多或少都会感知到自身因所处的经济结构陷入了个人努力所无法挣脱的怪圈。寻求全球承认的结果是经济地位被边缘化，身份与声誉遭到折损，社会高度板结与个人奋斗的无力。在全球化中，资本主义固有的压迫关系，通过商品经济资源配置而扩散全球，加剧了不同国家和地区之间及其内部的不平等状况。正如2014年瑞士信贷银行发布的《世界财富报告》——这份世界最权威的、

---

① ［斯洛文尼亚］斯拉沃热·齐泽克：《齐泽克在"占领华尔街"运动中的演讲》，http://www.occupywallst.org/article/today-liberty-plaza-had-visit-slavoj-zizek/，发布日期2011年10月9日，查询日期2023年11月12日。

用于宏观分析全球财富分配现状并预测财富未来走势的财经报告所指出的，财富分配不均的情况正在日益严重，人类50%的财富掌握在1%的人口手中。"现代化赢家"所取得的赫赫成就，并不能掩盖"现代化输家"庞大的人口和暗涌的愤怒。

这种寻求承认却又遭遇碰壁、于世界竞争中发觉自身地位相较区域竞争中更加下落的感受，需要得到一种释放的方式。这就是面对其他族裔标定他者，通过对内封闭和民族主义得到心理补偿。由此，逆全球化取代全球化，成为近年来新的国际趋势。

2008年前后，世界范围内的次贷危机引发的金融海啸，强化了这种"从来没有更好的选择，只是避免最差的结局"的穷途末路之感。经济持续低迷，失业率居高不下，人们内在的挫折感转为对新移民的排斥感，各国内部的民族主义情绪再度高涨，而统治阶层为了纾解经济压力，转移国内矛盾，也有意做此导引。

欧盟作为秉持自由贸易理念而结成的世界最大经济体，在经济振兴乏力的情况下，以贸易保护措施取代自由贸易协定，成为其进行自卫的举措。通过强调国家边界、区域独立，各地区开始高筑壁垒、自我孤立，试图缓解国内不满，扶植民族产业。政治上，民粹主义政党普遍崛起，他们将移民群体视为来自外部的他者，抓住本土居民与移民群体的矛盾，提出国人优先、同化移民，甚至开始主张反移民、反建制、反欧盟。即便是经历过纳粹统治，二战后具有强烈的"反民粹主义共识"的德国，成立仅四年的、带有强烈民粹主义色彩的德国选择党，也在2017年9月的大选中获得近13%的选票，成为联邦议院第三大党，这也是二战以来极右政党首次进入德国议会。

英国公投脱欧、美国特朗普赢得大选，则成为世界范围内逆全球化的标志性事件。英国脱欧公投的外部调查和结果分析显示，年龄较高的英国民众对于昔日大英帝国、联邦旗帜和坚挺英镑充满怀旧情愫。美国特朗普则以修筑边境墙、收紧工作签的疯狂言论和举措，撕下了所谓"政治正确"的遮羞布，决心用"美国优先"（America First）实现"让美国再次伟大"（Make America Great Again）。

而中国虽然在全球化进程中，通过充沛的资源、庞大的市场和低廉的劳动力受益甚多，但是国内的贫富差距和阶层分化却也越来越严重。日益兴起的中产阶层，长期弥漫着焦虑和不安，更是不时发生"中产内部踩踏事件"。国内民族主义情绪在网络空间聚集，形成了被称为"小粉红"的特殊群体。他们活跃于以晋江论坛、微博、贴吧为主的网络空间，虽然年龄普遍偏低，政治和历史知识也比较匮乏，大多没有形成自己的价值判断体系，却积极参与讨论社会公共事件，不吝表达自身的爱国主义情感，一部分人也显示出了民族主义倾向。这一系列现象形成了一种大国崛起、民族骄傲的升平景象，却掩盖了更多需要解决的社会问题。

从"全球化"到"逆全球化"的过程，是人类在寻求承认之路上迂回曲折的前进路线。全球化所制定的天下一统的价值体系及其背后弱肉强食的生存法则，逆全球化所强调的区域文化差异、捍卫自有特征与封闭性自保举措，都不会是人类探索之路上的终点。如何建立一套最低限度的、人人都必须遵循的行为规范，同时在这些限度内，坚持对不同生活方式、价值体系的宽容和尊重，才是人类文明真正希望达成的目标。

2. 消费主义的机会与圈套

马克思在《经济学手稿（1857—1858）》中对生产、分配、交换和消费之间的关系进行了深入的阐述。虽然商品的价值在生产领域就已经被创造出来，却需要经过分配和交换，进入消费领域，通过对劳动产品物质形态的使用和消耗，商品的价值才能实现，并且投入资本主义的扩大再生产，形成经济的闭环。"消费表现为生产的要素"[1]，它吸收生产的结果，诱发再生产的进行，成为资本主义经济不断延续的关键。生产和消费因而具有本质上的同源性，即"两者的每一方由于自己的实现才创造对方；每一方是把自己当作对方创造出来"[2]。

---

[1] ［德］马克思、恩格斯：《马克思恩格斯全集（第30卷）》，人民出版社，1995年，第35页。

[2] ［德］马克思、恩格斯：《马克思恩格斯全集（第30卷）》，人民出版社，1995年，第34页。

20世纪70年代，西方发达资本主义社会已经发生了经济建设从生产主导到消费主导的转型趋势，而在中国，这一变化则开始于20世纪80—90年代，进入21世纪后，更是从含蓄的支持变为强烈的鼓励，"国家从抑制消费（改革开放前）到提倡适当消费（20世纪80年代至90年代末）再到采取政策来鼓励消费（20世纪90年代末期以后），不但意味着消费的合法性得到恢复，而且意味着随着经济的发展，消费在经济体系中的地位和作用在不断提升"[①]。1997年亚洲金融风暴与2008年全球金融海啸，让以向国际市场低价出口赢得迅猛发展的中国经济，转而筹谋开拓庞大的国内市场。1999年，国务院公布了《全国年节及纪念日放假办法》，首次通过政府安排调休的方式，形成全国范围的春节、五一劳动节、十一国庆节三个七天长假，拉动内需、促进消费成为国家基本经济政策。

　　然而，扩大消费需求落到具体时间上，就会出现一个问题：实现经济增长，是通过刺激消费欲望，还是通过提高消费能力？当迫切的经济增长需求和失衡的收入分配制度并存，强烈的消费欲望和落后的消费能力并存，作为经济主体的人，就有可能被作为客体的物所奴役。人与物的关系，不再是人与物品使用功能之间的关系，而是转变为人与消费对象及其背后存在的消费序列与意义体系之间被胁迫、被强暴的关系。社会经济生活的重心从生产领域转向消费领域，不只是消费习惯的更迭，还有生活形态的改变，伴随的是一系列深层次的话语模式转变与意识形态挑战。

　　德波在《景观社会》中指出，在今天的资本主义抽象系统中，比商品实际的使用价值更重要的是它的华丽外观和展示性景观存在。如果说这种刻意的装扮还只是商品单向的引诱，人们进行的还是遵循"一个愿打一个愿挨"的炫耀性消费，那么鲍德里亚的《消费社会》则进一步深入地指出，消费主义远不止表面的搔首弄姿，还有内里的潜移默化。首先，现代消费控制关系中具有暗示性的意义链条。一件商品不再是孤立存在的，而是相互暗示、指涉着一系列商品，最终形成一个虚拟的场景。

[①] 王宁：《从苦行者社会到消费者社会：中国城市消费制度、劳动激励与主体结构转型》，社会科学文献出版社，2009年，第249页。

其次，消费同时被符码操纵和控制。符码赋予商品以意义，人们消费的不再是商品，而是其背后的意义。"变成消费对象的是能指本身，而非产品；消费对象因为被结构化成一种代码而获得了权力。"[①] 在接受意义的过程中，人们接受了消费传递的意识形态，进入一种消费规定的价值序列，由此实现了消费区分阶层。尽管路易威登红白蓝编织袋手提包与一个塑料编织袋在使用价值上几乎没有任何差异，但是在价格上却相差三千多倍，而且依据消费能力定义、区隔并暗示了上等阶层和下等阶层的身份。

更为根本的是，消费主义还重新创造了一个时间秩序，将原先使用价值所追求的"长期、耐用"转变为消费主义意识形态中的"短期、快消"。"人们知道生产秩序的存在，是以这种所有商品的灭绝、永久性的预有安排的'自杀'为代价的。这项活动是建立在技术'破坏'或以时尚的幌子蓄意使之的基础之上的。广告耗费巨资实现了这一奇迹。其唯一的目的不是增加而是去除商品的使用价值，去除它的时间价值，使它屈从时尚价值并加速更新。"[②] 这种原本流行于高端时尚制造业的"当季"概念，随着科技发展与电子产品的增多，浸透到人们的日常生活之中。在新型号智能手机发布的同时，厂商在面向所有型号手机的系统的升级程序中添加后台代码，促使新系统难以在旧型号上顺利运行，这已经是几乎公开的秘密。通过降低用户的使用体验，削减商品的使用价值，迫使用户加入消费升级的游戏，成为最为釜底抽薪的诡计。

对消费社会中的个体来说，已经不再是想满足更高需求、想成为更好的人、展示更好的形象，从而接受了消费主义的致命勾引，而是想满足基本需求、想成为不是最差的人、能够及格地活着就好，就必须接受消费主义的霸王条款。在中国社会刚刚兴起的群体庞大、来源复杂的中产阶层中，消费主义带来的反应最为敏感。变动着的中国社会从来不允诺他们"中产"的身份可以永久、可以继承，因而他们对于自身的境遇

---

① [美]波斯特：《第二媒介时代》，范静晔译，南京大学出版社，2000年，第144页。
② [法]让·鲍德里亚：《消费社会》，刘成富、全志钢译，南京大学出版社，2014年，第29页。

既有客观上的满足和认同，又有主观上的焦虑和不安。因为社会来源的庞杂，人们无法指认拆迁户、公务员、企业白领和高校青年教师是否具有相同的阶级地位，却借助消费主义发明了他们的相互认同，他们的钱包"不求同年同月同日生，但求同时同地同物死"，通过"梦想税"（如"生活不止眼前的苟且，还有诗和远方"的旅行）、"成长税"（如"我们懂你的知识焦虑"，来买一套线上课程）、"幸福税"（如"提高生活幸福感的108件小物"里，你的幸福来自离子吹风机）、"装X税"（如离子吹风机前加上"戴森牌"才能体现品质），完成了主体建构和群体认同。

消费主义通过其自有的方式，创造出了新的意识形态体系，得到了原有意识形态体系的暂时涵容。在人们普遍经历着消费的巧取豪夺的总体性境况中，也有人就此绝地反击。女性作为消费的主要群体，成为消费主义需要研究、服务与征服的首要对象。而在消费主义谋求自身发展的过程中，吸纳女性进入消费产业，加入生产与流通环节，也成为其策略性的选择。以凭借消费主义东风迅速崛起的阿里巴巴为例，其IPO招股书显示，集团40%的员工是女性，目前36位合伙人中有12位是女性，女性员工不仅在整体数量上占有相当比重，而且在高管数量上也举足轻重。[1]即便是在长年秉承政治正确的硅谷，谷歌、推特和雅虎的女性高管比例也只是在20%左右，阿里巴巴在人员雇佣上的性别平等程度在世界范围内都是领先的。在淘宝平台上，女性卖家的比例为55%，其店铺的好评率也略高于男性；在蚂蚁金融上，女性客户的逾期率比男性低了23%，更容易获得小额贷款。阿里巴巴及其带动的整个电子商务市场，都为女性提供了比传统行业更广阔的职业空间。在淘金热的过程中成为卖铁锹、矿灯与牛仔裤的那个人，在消费主义浪潮席卷而来的时刻寻找到参与生产、分配、交换的职业机会，成为女性利用消费主义机遇的第一条通路。

在消费社会不见硝烟的战役中，消费欲望和消费能力永远存在着博

---

[1] Alibaba Group Holding Limited Prospectus, https://www.sec.gov/Archives/edgar/data/0001577552/000119312514341794/d709111df1a.html，发布日期2014年6月26日，查询日期2023年11月12日。

弈关系。当女性的消费能力大于消费欲望时,那么借由消费主义构建的社会秩序,她就有更大的可能通过捷径得到广泛的承认、获得自我的认同。一方面,女性可以通过消费更快、更好地享受科技带来的便捷,摆脱农业社会遗留下来的对于男女分工的刻板定位。如同韩国发展经济学泰斗张夏准在《资本主义的真相》中所揭示的,对人类经济发展起到了关键作用的,不是某种政治体制或经济政策,而是洗衣机的诞生。[①] 洗衣机、电熨斗、吸尘器的诞生,极大解放了被困于家务劳动之中的女性,使大量女性进入社会化劳动力市场成为可能,从而改变了人们雇佣人员时的性别偏好,增加了人们对于女性教育的投资。即便此后仍有相当数量受过教育的女性选择留在家中,她们也因为具备了养活自己的可能,家庭地位比以前更高。长远而言,女性劳动价值提高,生育子女的成本也相应提高,社会人口再生产从粗放型转为精细型,社会结构与经济模式都发生了深刻的改变。回到当代社会,具有消费能力的女性,可以雇佣保姆、月嫂、小时工,可以购买自动洗碗机、扫地机器人,这都是将女性从"妻子"角色中解放出来的方式,而家庭安保系统和物流到家服务也降低了女性对"丈夫"角色的需求。

另一方面,当商家认识到女性不只是商品的"消耗者",即被动地使用商品,而且是商品的"消费者",即主动地购买商品,那么他们的宣传策略,也就从"女为悦己者容"转为"女为悦己容"。在商家眼中,消费能力面前没有性别。同样是一枚钻戒,男性买给女伴和女性买给自己,在消费秩序中具有相同的含义,甚至后者还暗示着,这位女性未来潜在的男伴将会为她购买更加高昂的商品,因此她在消费秩序中具有更大的潜力。具备消费能力的女性,因而在消费主义逻辑中获得了一条曲径通幽的方法,在消费中摆脱了固有的性别束缚,进入商品构筑的意义链条,获得了自身的主体地位。在职业场景中,女性的工作能力会因性别而被向下打折;在消费场景中,女性的消费能力则会因性别而被上浮对待。作为消费行为的敏感主体,女性的话语表达和性别诉求,某种程度上不

---

① [韩]张夏准:《资本主义的真相》,孙建中译,新华出版社,2011年。

是通过政治途径，而是通过经济途径、消费行为进行的。这一看似迂回的话语模式，却成为以经济建设为中心的社会中不能忽视的力量。

然而，硬币的另一面，则是消费能力不能满足消费欲望，被消费欲望所奴役的女性。不可否认，尽管有相当数量的女性在消费社会的建设、消费活动的进行中取得了主体地位，但也有大量女性迷失其中。最为典型的就是尚不具备经济实力和判断能力，却长期沉浸在广告、营销之中的年轻女性学生。特别是由于电子商务和网络金融相配合，消费用途的小额借贷愈加便捷，沉迷购物的年轻女性很容易就跌落到重重债务之中，而各种居心叵测的校园小额贷款，以高昂的利息、手续费，刻意造成欠款女性难以偿还的结果，最后促使女性走上歧途。将没有能力成为消费主体的女性，打包成为商品，明码标价，彻底物化，丢进消费秩序之中，成为消费主义最残忍、最危险的一面。

3. 女性群体的内部分化与"后女性主义"的产生

全球化的浪潮，带来了"现代化赢家"，也带来了"现代化输家"，而从全球化到逆全球化的过程，也让我们看到，全球化本身是一个极度复杂的过程，不同国家、不同阶级、不同年龄、不同性别的人群，在全球化中经历的是完全不同的命运。"参与到全球化的进程当中"不是停留在口头上的宣传话语。它有时意味着百度一面在国内因负面新闻缠身而屡遭质疑，一面在纳斯达克股市上笑傲群雄屡创新高；有时意味着苹果一面在全世界上铺满 iPhone 手机"再一次，颠覆未来"，一面在富士康代工厂中接连发生自杀事件。

对女性来说，彼此的差异之大更是如此。全球化并没有让中国或者其他任何国家和地区的女性都获得那种理想、均一的发展机会，在中国参与全球化、经济迅猛发展的时期，有些阶层的女性借此达成了自我实现、获得了向上流动的机会，但是也有一些阶层的女性，因为许多并非个人能力或意愿的因素，无法公平地获得资源，甚至被迫向下流动。来自世界银行的统计数据显示，中国女性的劳动参与率，尽管与美国、日本、韩国、印度相比仍旧非常高，但是从 1990 年到 2016 年，实际已经持续下降了共计10%左右。[①] 作为拥有话语权的女性精英知识分子，更应时刻警惕这一现象，避免以大而化之的"中国女性"掩盖了全球化之下女性内部分化的事实。

逆全球化与民族主义，在宏观上促进了不同国家和地区各种多元文化强调异质、自我保护的同时，微观上则强化了局部地区的保守主义倾向，女性主义、少数族裔、性少数群体都会遭到不同程度的压抑。压力之下的女性群体，也将会经受更为严峻的考验。

消费主义之下，女性群体的内部分化则尤为明显。消费能力高于或匹配消费欲望的女性，从经济活动中发现了确立自身价值与位置的便捷途径，她们的物质需求可以由自己的生产—消费活动实现，精神需求则可以一定程度上通过消费实现自我愉悦。然而，消费能力低于消费欲望的女性，同样为了获得主体身份而在广告宣传的鼓吹下投入消费，却最终不得不在消费主义中束手就擒。黑格尔将历史归结为人类寻求"承认"的需要，一部分女性可以通过消费获得象征社会身份的种种符号，继而获得承认，另一部分女性则为了"能指"之名，将自己作为商品进行交换，将背后的"所指"放逐，以致本末倒置。这就是消费主义狂热的背后，女性内部的分化和断裂。这种消费主义的双刃剑，正在为当代女性主义的发展提出新的问题。

经历过女权主义狂飙突进式的运动之后，20世纪80年代的西方国家普遍产生了对女权运动的反思、批评，甚至消极抵抗、重回男权。休利特在《美国妇女的生活：解放神话与现实困境》中，对于女性群体做出了比较仔细的区分，认为女性的社会地位有上层、中层和下层之分，有家庭妇女也有职业女性，职业女性又分为蓝领层和白领层，白领层又分为普通类和精英类。美国女权运动的诉求，往往只利于那些上层、精英、功名心强、处于传统婚姻模式之外的职业女性，而与广大中下层女性的愿望和要求脱节，甚至损害后者的利益。例如，女权主义试图去破坏或者改造原有的家庭结构，但是家庭恰恰是广大中下层女性应对社会危机

[①] 15岁（含）以上女性就业人口比率，世界银行官网，https://data.worldbank.org.cn/indicator/SL.EMP.TOTL.SP.FE.ZS?end=2016&name_desc=false&start=1990，查询日期2018年4月1日。

的保障，大多数女性希望巩固而不是毁坏家庭。[①]对于女权主义运动进行反思和批评，实际是在轰轰烈烈的学院派、理想化社会运动之后，重新回到日常生活之中，探讨一般女性的生存境遇和真实诉求。

这一潮流可以被称为"后女性主义"（post-feminism）。"后"（post）的使用，意味着它不简单是一个时间上的后置，更是一种内涵上的断裂和绵延。它诞生于西方20世纪60—70年代的女权运动之后，呈现为矫枉过正下的阶段回调，而在80年代末期进入中国，面对的则是一个更复杂的时空。相对于波伏娃、伍尔夫、朱迪斯·巴特勒、朱莉亚·克里斯特娃这些学界耳熟能详的女性主义学者，修丽特、卡米拉·帕格利亚等后女性主义学者及其研究观点则甚少被提及。新中国建立初期与新时期的女性主义思潮，更多的是将女性作为个体与集体的中间物，来思考女性在特殊历史背景中如何争取生存与解放，后女性主义于此并没有充分的、适于讨论和实践的空间。直到进入21世纪，伴随着中国消费主义的兴起，一方面，女性的性别特质被再次突出强调，通过消费的手段强化"女人味"成为一种惯用的宣传策略；另一方面，生存环境的严酷、消费欲望的诱惑，使得女性通过正常的竞争手段获得自我实现困难重重，"女人通过征服男人来征服世界"的实用主义话语日渐流行。这些都成为再次打开后女性主义的阀门。

"后女性主义"与"女性主义"的关系是十分复杂的：它放弃了后者内在的革命性，但是也共享了对于未来的美好愿景；它表面遵从以男性为主导的世俗世界秩序，内里又通过不断表演"女人味"、利用性别优势，获得这一秩序中的捷径，完成自己的反叛。可以说，后女性主义是在通过遵从男权而利用男权，通过反女权主义来实现女权主义。具体到中国的网络空间中，极端派有ayawawa（杨冰阳）这样的社会达尔文主义者，将婚姻视为一件必须完成的任务，将寻找配偶的标准量化为数值，根据自身的MV（婚恋市场价值）和PU（亲子不确定性），提高前者、降低后者，充分发挥自我能动性，最终实现这一交易的最优结果；温和派

[①] ［美］西尔维亚·安·休利特：《美国妇女的生活：解放神话与现实困境》，马莉、张昌耀译，中国社会科学出版社，2016年。

有衣锦夜行的燕公子（龚燕）这样的实用女性主义者，认为女性的需求是多样的，男性的供给不是万能的，采取高效的方式，从合适的男性那里获得他所能提供的收益，最终通过共时或历时的综合收益，来满足自身的全面需求。

在微博这样的信息流网络空间，人们倾向于读取实用性强的行动指南，无论是ayawawa还是衣锦夜行的燕公子，她们在"术"的层面都呈现为如何取悦男性，在"道"的层面最终指向的却是女性如何实现收益最大化。她们的信徒是否实现了这一目标并不可知，但是对于没有看透她们理论体系之中道术关系的女性，却也很容易陷入一种新的生存困境，即在"术"的实践中倒退回中国封建社会的三从四德、三纲五常，忘记了"道"的目的。

另一种新的生存困境在于，后女性主义给出的路线，大多服务的是此世的个体。也就是说，生活在同一个世界的其他姐妹，或者向上的母辈与向下的女儿，都不会被纳入行动所要考虑的范畴。这种主义的内在逻辑就是：生活如此多艰，一切都要以自保为首要目标。如果有其他姐妹冲锋陷阵，自己就别去为她传递粮草弹药，还是先趁着她顶在前线，自己能多跑几步是几步。至于母辈，此生已过，浮名如云烟；至于小辈，儿孙自有儿孙福。

然而，任何消极抵抗都意味着积极投降，只顾个体此世的暂且苟活，秉承犬儒主义，并不是与世无争的自保，而是如同听到"愿意参军的请上前一步"时率先后退一步的陷害。后女性主义的存在，尽管短时期内具有权宜的意义，但从本质上讲，仍是对女性主义原则的背叛。

同样是在网络空间，网络文学以动辄几百万字的篇幅，形成了与微博、论坛、朋友圈完全不同的话语环境，从而为精耕细作提供了可能。这里，人们尝试在文字构筑的漫长历史与纷繁故事中，完成独特的思想实验和社会实验，不必实用主义，不必立竿见影，只是去追问到底何种程度的改革能够在未来建立理想的世界。于是，笔者试图通过本书的研究探寻的是，在当代中国语境下的网络言情小说中，女性如何定位自身，从何处满足自己的欲望？女性又是如何定位她者，她们视为异己的形象究竟是什么样子？在这些定位与定义中，她们采用了怎样的话语方式达成效果？最终，在这些问题与求索间，探寻女性的现代性和中国的现代性之间的关系。

4. 以研究回应现实

围绕"网络言情小说与女性话语"这一主题，大致有几个主要的研究侧面，分别是网络文学、网络言情小说、女性主义与消费主义。

网络文学是近年来兴起的研究领域，邵燕君《网络时代的文学引渡》《网络文学经典解读》[1]两本专著，在网络文学研究领域起到了奠基性作用。《网络时代的文学引渡》汇集的多篇论文，反映了作者从传统文学研究转入网络文学研究时在立场与方法上做出的调整。邵燕君从初涉网络小说，认为它"仍然是作为主流文学的一种补充形态而存在的"，到经过长时间的观察，预言"中国当代文学的主流很可能将是网络文学"，所呈现在字里行间的自觉转向，是可供接受传统文学研究中价值体系、审美标准与批评方法，又投向网络文学研究的"转型式"学者们参考的路径。该书附录中的"中国网络文学大事记（1987—2015）"，对于把握网络文学整体脉络，掌握各类型间此起彼伏的状态，具有非常重要的价值。

《网络文学经典解读》一书，则通过选取网络文学各个类型中的典型文本进行解析，描摹了该类型网文的总体特征。在对网络文学诸种类型代表性作品的解读中，来自不同执笔人的不同风格与研究方法都可资参考，其中穿越、宫斗、都市言情这三部分在文本选取上提供了范例。

崔宰溶的博士学位论文《中国网络文学研究的困境与突破——网络文学的土著理论与网络性》，在分析网络文学基本状况的基础上，提出了"土著理论"和"网络性"两个概念，强调网络文学内部的文化原住民自身的理解、洞察与理论探索，强调各种文本和行为在网络空间中的特征

---

[1] 邵燕君：《网络时代的文学引渡》，广西师范大学出版社，2015年；《网络文学经典解读》，北京大学出版社，2016年。

和独特意义。① 作者对"爽"文学观的分析，给本书研究网络言情小说中的情感模式带来了启发。

邵娃的硕士学位论文《现代性视野下的当代香港言情小说创作》，对以亦舒、李碧华、梁凤仪为代表的香港女性言情作家创作进行了系统而深入的分析，通过其作品面向社会的现实性、女性意识的前卫性和反思两性关系的深刻性，揭示了现代知识女性群体的精神觉醒与自我阐释。② 李静怡发表的《租售爱情——论九〇年代台湾言情小说的文化传播机制》一文，则探讨了言情小说与租书店的特殊文化关系，并提及了网络兴起之后台湾地区言情文学传播形态的改变。③ 这两篇论文，对于本书探讨中国大陆网络言情小说的创作思想资源、市场运作模式，都有非常重要的参照作用，可以作为网络言情的前史资料。

围绕网络言情小说的研究论文数量不少，但大多数观念和方法都比较传统，大多是自清末民初的鸳蝴派小说开始，采用研究传统通俗小说的手法来进行讨论，可资借鉴之处不多。只有少数几篇颇有见地的论述，如张萱的《网络女性言情小说初探》④对网络言情小说的诸种类型进行了初步的归纳和总结，运用西方女性主义方法对文本进行解读，提出了网络言情小说中的泛后现代特征；陈红的《从"纯爱"到"穿越"——网络言情小说模式的演变》⑤敏锐地指出，网络言情小说已经从爱情至上的琼瑶"纯爱"演变为将生存放在爱情之上，以言情之名反言情，对穿越文开启各种网络言情子类型的这一转折勾勒得较为清晰。翁燕的硕士学位论文《网络女性文学电视剧化研究》⑥，则将女性向网文的原文文本与影

---

① ［韩］崔宰溶：《中国网络文学研究的困境与突破——网络文学的土著理论与网络性》，北京大学博士学位论文，2011年。2023年，由中国文联出版社出版，更名为《网络文学研究的原生理论》。

② 邵娃：《现代性视野下的当代香港言情小说创作》，南京师范大学硕士学位论文，2014年。

③ 李静怡：《租售爱情——论九〇年代台湾言情小说的文化传播机制》，《华文文学》2004年第2期。

④ 张萱：《网络女性言情小说初探》，河北师范大学硕士学位论文，2012年。

⑤ 陈红：《从"纯爱"到"穿越"——网络言情小说模式的演变》，《重庆师范大学学报（哲学社会科学版）》2015年第2期。

⑥ 翁燕：《网络女性文学电视剧化研究》，福建师范大学硕士学位论文，2014年。

视改编加以对比，得出了很多有趣的结论：同样一个故事内核，从网文到影视，一方面是时间的延宕，一方面是受众范围的改变，其中故事结局、配角人物都会因此产生微妙的变化。

由网络言情小说延伸的网络女性写作，则相对前者有着更富网络性的研究。徐艳蕊的《网络女性写作的生产与生态》[1]，指出网络女性写作与精英文学、男性向网络文学不同，保留了更多社群共享的性质，而女性网络文学作品的价值和意义、作者的声望和权力，是由这个绝大多数成员为女性、带有显见的女性视角、关注女性话题的社群共同生产的。由女性主导的网络女性写作，不仅有着非常活跃的文学实践，而且也是草根女性探讨性别议题的重要场域。亓丽的《女性主义视野中的当下网络言情小说》[2]，从女性主义角度入手，从男主角模式、穿越题材的盛行、读者参与创作三方面解读网络言情小说，阐释女性意识对网络言情小说叙事模式的影响。高寒凝的《"女性向"网络文学与"网络独生女一代"——以祈祷君〈木兰无长兄〉为例》[3]，通过对从中国历史、民间故事到网络小说中"花木兰"故事的分析，将女性向网络文学创作与中国"独生子女"一代的特殊社会状况进行关联，解读在网络空间中网络女性主义兴起的思想与社会根源。陈子丰的《女频网文阅读与读者的女性主体建构》[4]，论述了女性向网文作者、读者基于共同幻想世界框架，来塑造性别主体意识、带入对现实问题的反应。作者将性别关注和焦虑投射入幻想世界的建构，为读者的参与提供框架；读者则通过参与性别主体的建构和实践经验的拓展，将其整合入经验图式。双方通过线上交流和线下实践，扩大了网络女性主义的影响。以上这些聚焦网络女性写作与阅读的研究，都生动地描述出了这种作者—读者、网络文学—社会现实相

---

[1] 徐艳蕊:《网络女性写作的生产与生态》,《北京大学学报（哲学社会科学版）》2015年第1期。
[2] 亓丽:《女性主义视野中的当下网络言情小说》,《文艺评论》2012年第1期。
[3] 高寒凝:《"女性向"网络文学与"网络独生女一代"——以祈祷君〈木兰无长兄〉为例》,《中国现代文学研究丛刊》2016年第8期。
[4] 陈子丰:《女频网文阅读与读者的女性主体建构》,《中国现代文学研究丛刊》2016年第8期。

互勾连、保持流动的生态环境。

在女性主义与消费主义方面，孙桂荣的《消费时代的女性小说与"后女权主义"》[1]十分优秀，尽管这篇博士学位论文是针对纯文学领域的女性写作进行分析的，但是其中对于消费主义社会中，女性在社会等级与性别等级双重压力下的现实生存困境，有着十分准确的分析。而其揭示的"后女性主义"对父权制似反抗又撒娇的暧昧姿态，对于当今女性主义的分裂、实用女权的兴盛，同样具有启发意义。黄良奇的《超越女性主义：新媒介环境下的性别形象建构与消费》[2]研究了在新媒介环境下，传媒对社会性别形象的建构。孙翠玉的《"女性范例"："消费社会"意识形态的女性规训——布希亚思想的女权主义探微》[3]研究了鲍德里亚消费社会思想中蕴含的女性主义元素，分析了消费社会中通过"女性范例"对女性进行规训的机制。这两篇文章将消费主义与中国当代社会状况相结合，分析了中国女性主义在21世纪面临的新困局。

综合而言，网络文学研究今天仍然处于梳理规范的阶段，特别是对网络言情小说这一类型而言，它在网络文学中发展早、基数大、读者广，内部又细分为诸多不同的类型，目前还未能有一项研究能够将这些子类型之间的演进关系做一梳理，这正是本书首先要完成的部分。其次，网络言情小说是"爽文"，披着通俗文学的皮囊，然而对优秀的网络言情而言，却又不止于风花雪月、男女情爱，如何在爽文中安放情怀，在爱情中表达独立，在世俗抚慰中展现女性主义的思考、超越世俗的勇气和信念，充分体现出网络言情小说不同于此前传统言情小说的特点，则是本书需要论述的另一任务。最后，对当下这个时代来说，在消费主义和女性主义相互博弈的过程中，女性内部如何发现并弥合阶层分裂，网络文学与女性主义如何结合甚至通过幻象空间自我滋养、自我哺育，则是本

---

[1] 孙桂荣：《消费时代的女性小说与"后女权主义"》，山东师范大学博士学位论文，2004年。

[2] 黄良奇：《超越女性主义：新媒介环境下的性别形象建构与消费》，《中华女子学院学报》2013年第6期。

[3] 孙翠玉：《"女性范例"："消费社会"意识形态的女性规训——布希亚思想的女权主义探微》，《北方论丛》2007年第5期。

书的又一论述要点。这些在文字中进行的性别实验，为中国社会在性别二元对立之外，提供了另类选择的可能。在目前的研究基础上，从这三方面继续展开，仍旧存在深入研究的空间。

由是，本书的主体内容分为以下五大部分。

第一部分"'虐'以自省：以高干文、总裁文为例"，首先，梳理了网络言情小说诞生之初，在台湾言情文学与大陆女性主义的共同影响下，传统琼瑶模式逐渐瓦解，人们虽然仍旧需要"言情"，但是不再将爱情置于至高无上的地位，也不再相信小说中的爱情会出现在现实之中。网络言情小说以"小言"的姿态亮相，一个"小"字，既是坦然面对欲望的亲昵，又是清醒地意识到它不过是生活的点缀。不再忠贞的男主角与早已远去的男二号，共同构建了网络言情小说这一阶段的新契约。

其次，以匪我思存的"京城四少"系列《佳期如梦》《海上繁花》和《今生今世》为案例，进行文本细读，揭示出这些文本形成叙事链条的两个要点，即"关键物"和"关键场景"。前者以高水平消费暗示着经济实力，后者以超越性消费暗示着特殊权力，以从物质到精神的方式，塑造"贴近历史"的幻象，完成了对文本内外女性的俘获。同时通过精神分析理论，揭示"虐恋"小说中构成的三重幻象：一是女性曾经拥有理想爱情与完美对象，但是现今已不可得的痛苦；二是女性被现实权力征服，但耻于承认的痛苦；三是女性为了接近权力，放弃理想、奉献身心的痛苦。这三重痛苦，让女性产生了通过被大彼者命名，进入象征秩序，成为语言的主体、意义的主体的快感。① 男性只是她们接近权力的中间物，也让她们发现了与权力之间只是贴近而无法进入的不满足。

最后，揭示虐恋式总裁文在网络言情小说中的意义在于使女性不再被道德所压抑，开始正视自身的欲望。而在受虐的心理机制中，对女二号的心态也从敌视转为欣赏。总裁文虐恋的"痛"与"快"，促使女性正视寄托在"男主角"之上的欲望，探索对权力的认知与触碰。在网络言

---

① 大彼者，又译作"大他者"（big Other，Other），拉康派精神分析中，指在主体和小彼者之外，有着先于主体存在、对主体产生影响的对象。某种程度上，大彼者也是一种绝对父权的象征。

情的空间之中，女性开始找寻其他进入历史的可能。

第二部分"'穿'回过去：以穿越文、重生文为例"，首先，梳理了穿越小说的前史，"穿越文"与"清穿热"背后，是历史终结与社会板结之后，"盛世零余人"的强烈不安。以"清穿三座大山"《梦回大清》《步步惊心》和《瑶华》为例，分析女性通过穿越进入历史，从尝试改变到服膺秩序的转变过程。她们知道历史的走向，但不知道自己的命运，因而对强者既认同又回避。从"小燕子"改变皇宫到"若曦"改变自己，穿越描述了女性进入历史、无法改变继而服从秩序的过程。

其次，将网络言情小说中的穿越文分别与新历史主义小说、男性向穿越文进行对比。在前者的文学史脉络中，两者共同选取情欲作为重写历史的切口，然而和新历史主义消解宏大叙事不同，女性向穿越文失却了启蒙理想的脊梁，反而呈现出历史的不可更改，以情的渺小为史的宏大加冕。在后者的性别脉络中，两者都是对"知识是否能够改变历史"的不同回答：男性向穿越文的主角，大可以直接出江湖入庙堂，展开大刀阔斧的改革，力挽狂澜于既倒；女性向穿越文的主角，则必须经由男性，才能够将拥有的现代知识实现出来。男性作为女性向历史、向社会空间寻求价值的中间物，又一次显现出其顽固的存在，成为女性不得不与之交涉的对象。

最后，"穿越"作为网络文学承前启后的重要类型，开启了诸多新的方向。最具代表性的接续类型"重生文"，在从"穿越"到"重生"的创作类型转变中，将宏大的命题赋予细腻的纹路，让人们感同身受地参与进现代诞生的故事之中。

第三部分"'狠'亦无奈：以宫斗文、宅斗文为例"，首先，分析古典主义的成长小说已经不再可能，因为整个社会已经丧失了可以共享的价值观念、人生理想和道德准则。在网络文学中，主人公们可以遵循的前进路线，从宏伟的愿景坍缩为一个个小确幸和小目标。男性向网文中是升官发财的官场文，女性向中则是"饥饿游戏"式的宫斗文、宅斗文。男女两性之间悬置感情，将个体价值不断拆解交易，以求得生存与利益最大化，遵循着丛林法则、适者生存的价值取向。

其次，在以狠求生的宫斗文、宅斗文中，有两种对待感情的处理方式。一种是将感情前置，如《甄嬛传》，感情确乎发生，但已经破灭。甄嬛通过无意毒杀情夫和刻意气死皇帝的两次"弑夫"，完成了自己的人格独立，而在感情破灭之后，"弑夫"成为网络言情小说中具有代表性的情节。另一种处理方式，则是将感情后置，如《庶女攻略》《知否？知否？应是绿肥红瘦》等宅斗小说。当没有话语资源为爱情提供意义，那么就让爱情成为意义本身，为人生创造出一个超越性的出路。情场如职场，老公当老板，不谈感情先做交换，双方以合作伙伴的身份获得个体空间，最终用相爱谋求超越庸常生活的方法。当女性的主体性已经先行建立，得到爱就不再是人生目标，反而是付出爱成为个体成熟的标志。

最后，在宫斗宅斗之中，女性通过同性竞争，反而发现了彼此共享的情感诉求和价值体系，从情敌那里得到了归属和认同，衍生了大量的同人创作。女性群体在不断分裂中寻找着自我弥合的可能。

第四部分"'强'的反转：以女尊文、女强文为例"，首先，沿袭宫斗宅斗的自强脉络，女强女尊在"设定"背景中产生。"设定"原本是日本动漫术语，是指根据故事的主要情节和意图，创造出符合要求的背景环境、人物形象、故事细节，创造出自洽的故事世界。"设定"揭示出了文艺作品内在的可建构性。而在网络文学中，"设定"的运用则是从这一点出发，重在将一系列结论性元素作为默认的初始状态予以呈现，而不对其进行论证和解说。"设定"的接受，带来了一系列文学性的社会实验，人们不必再去推演某种社会制度、价值体系是如何建立起来的，而是直接将它作为默认状态，继而通过思想实验，探讨其可能的利弊和运行状态。

其次，通过对女尊写作历史的梳理，勾勒出女尊文是如何在中国传统文学资源和当代社会环境中形成的。作为一种完全架空、高度幻想的小说类型，女尊文内部的分类其实是多种多样的。从女尊文的"设定"来看，主要可以分为三种模式：母系社会、性别颠倒、女少男多。女尊文的出现，为不具备足够理论素养和女性主义自觉，但同时又对诸种男尊女卑现象敏感的人们，提供了便捷的话语方式——戏仿。而这种话语与其说是一种解决方式，不如说是一种策略。一旦被滥用，其自身的话语暴力也会被凸显。所谓"成为女皇"，只是戏仿的形式而非真实的目的。"成为男性"或"获得男权"所带来的对其他性别的剥夺，并不能给其自身带来快感。因此，女性开始脱离性别权力的二元对立，寻找平等的性别关系与全新的社会模式。

最后，当女尊文回落为女强文时，女强文的创作实践中所继承的网络女性主义先进思想则与普遍文化水平不高的读者之间形成了悖论，如代表作家天下归元的创作就是在这种矛盾中前行的。网络女性主义的涌动，反映在资本与影视上，就是近年来出现的"大女主"概念。但是这些影视作品的具体实践，也展现了希冀塑造独立女性形象而不得的困局，显示出当代女性主义话语在直面政治历史时，左支右绌，仍旧缺乏有力、恰切的理论资源。

第五部分"'甜'的底气：以职业文、甜宠文为例"，首先，市场经济的发展，以及中产阶级的初步形成，带来了纸质出版的最后一个高潮——"职场小说"的盛行。而媒介革命、女性向网络文学的演变，则促成了"职业文"接棒"职场小说"。《长大》《外科风云》等医疗题材、《制霸好莱坞》《时尚大撕》等娱乐题材的网文，以女性为主角、职场为背景，成为现实社会女性参与经济活动的一种写照。来自不同行业的女性进入网络写作，极大地丰富了网络文学的表现对象，也从根本上将职场逻辑的纵向发展转为横向思维，从追求成功转为追求成长。

其次，以职业文中诞生的独立女性为基础，甜宠文应运而生。在以丁墨作品为代表的甜宠文中，两个人格健全的男女相知相恋，建立起"互宠"模式，浮现了"双处"标签，并且呈现了"去戏剧化"的趋势。独立的女性角色有能力与男性相互宠爱，举重若轻地共同面对生活的困境与挫折。网络文学提供的方法论，从"如何找到高富帅"变为"如何成为白富美"，是一种进步的体现。

最后，在网络文学创建的思想实验空间中，女性读者一方面得到抚慰，另一方面得到养育，即便是身处并不理想的现实社会，网络空间也能够让人们在精神上重建理想关系。从网络言情小说诞生之初的"虐恋"

到近年来流行的"甜宠",看似一个物极必反、自相平衡的过程,实际上却是走过了一段复杂而漫长的螺旋上升的道路。人们通过利用网络文学空间创造的理想世界与精神力量,重塑了现实的个人历史,为这一情感逻辑建构了历史基础。

就网络言情小说的诸种类型而言,它们相互之间是此起彼伏、交错兴盛的关系,既有历时性的承继,也有共时性的影响,各个类型内部也在进行着自我演进。正如甜宠文不是网络言情小说的终极形态,虐恋风也有可能在另一种语境和设定中重生,它们共同向前推动着女性主义在思想实验和社会实践中前进。

在结论部分,本书将指出,一方面,网络言情小说培养出了女性的情感独立,降低了爱情的崇高性和唯一性。新中国成立初期女性解放的成果、消费社会的经济秩序,为女性提供了经济条件,而社会观念的改变也让女性从"妻职"与"母职"中挣脱成为可能。时代从未像今天一样,让"不做女性"变得触手可及。曾经因不得不做而被赋予神圣意义的种种女性属性,如今面临着被重估的命运。

另一方面,在消费主义时代中,女性内部面临着分裂,那些拥有选择权的女性,面临的不只是"做/不做女性"。当经济与科技的红利会优先被一部分女性享有,而另一部分女性则需要承担暂时的结构性压迫时,这个选择同时还扭结了"走向性别认同还是阶级认同"的问题。

在当今的国际结构中,中国在某种程度上扮演着"女性"的角色,有关女性话语的选择,其实是选择进入传统格局,还是开拓全新话语的差别。网络言情小说中诞生的网络女性主义,是中国前所未有的,完全在虚拟的女性空间中建构并在现实社会中推动的女性解放浪潮,然而也前所未有地面临着阶级和国族的问题。这一次,这两大力量不能再左右女性的方向,反而是等待性别话语中产生出全新的理论资源,来解决它们所面临的困境。

第一章
"虐"以自省：
以高干文、总裁文为例

依然记得我第一次看完这个故事是在深夜……我长出一口气，终于泪流满面，趴在枕头上小声啜泣，害怕惊醒了宿舍里面的其他人，眼泪划过眼角，将皮肤刺得生疼。

看这个文如果不曾落泪简直是异类……十丈红尘，山长水阔，命运的棋局最后挣扎不休动弹不得，只好这样结束，没有任何办法。

……我知道这不过是一个很普通的故事，前尘往事，新欢旧爱，兜兜转转于尘世间的缘分，可是依然无可救药的陷了进去，闹钟一下下的走，我的心仿佛碎裂出声音。

……

到了纸书在手，我却不敢看关于孟和平和佳期过去的描写，那样单纯那样幸福，因为知道最后会失去，于是不敢看，害怕失去那一点点勇气，关于爱的勇气。明明知道会这样，可是还是不能放手，还是不能放弃，怎不叫人肝肠寸断。

……

——豆瓣网友：盐焗鸡[1]

我的一个病人经过长期的思想斗争和抗拒心理交给我一份写下来的受虐幻想，他满脸通红，急急忙忙地对我说："就是这个。这就是我来治疗的原因。它很可怕，有病，可它又很奇妙。我恨它，可它又是我最喜欢的幻想。我不能容忍它，可我又爱它。它令人恶心，可我又不想放弃它。"

——cowan[2]

这两段引文，第一段出自豆瓣阅读《佳期如梦》的书评，一位读者详细地记录下了她第一次阅读这本网络言情小说的感受；第二段出自一位心理医生的描述，他的来访者针对自己的"虐恋"倾向向他寻求帮助。当这两段文字并列放置时，我们轻而易举地就能发现其中的相似之处。首先，两者都伴随着某种程度的"压抑"。前者是阅读言情小说这样"难登大雅之堂"的消遣作品，在社会环境中感受到的羞赧，因而当事人在"深夜"才看，"趴在"枕头上，"小声"啜泣，"害怕"惊醒他人。后者是发现自己有着受虐幻想，同样不见容于社会，需要经历"长期"的"思想斗争"和"抗拒心理"。其次，两者都直接感受到了"痛苦"，继而从痛苦中感受到了"快乐"。前者是流泪、肝肠寸断、"我的心仿佛碎裂出声音"，但是也曲折地暗示，这种痛苦反衬的是在书中对人物昔日时光的描述中看到的"那样单纯那样幸福"。后者则将一系列矛盾的词语接连并置，描述这种幻想既让他感到可怕、憎恨、不能容忍、令人恶心，但

---

[1] 盐焗鸡：《世上有没有孟和平》，豆瓣读书，https://book.douban.com/review/1563876/，发布日期2008年11月23日，查询日期2018年4月3日。

[2] 李银河：《虐恋亚文化》，中国友谊出版公司，2002年，第299页。

同时又让他感到奇妙、喜欢、爱。第三，两者最终都将情感归结为欲罢不能的矛盾。前者用"无可救药"、明知如此却不能放手，来双重描述这部作品中呈现的感情和自己对这部作品的感情；后者则是"不想放弃"，强烈地喜爱同时又谋求治愈这种"疾病"。

在"压抑"中，感受从"痛苦"到"快乐"的交相刺激，最后"欲罢不能"，这种典型的心理进程，既是属于虐恋幻想来访者的，也是属于这一类网络言情小说读者的。这类小说，一般会被形容为"虐"、被称为"虐文"。它们往往不诉之于捆绑、鞭打等肉体虐待的直接描写，而是在情节的铺陈中，设置男女主角虽然相爱，却因某种原因相互错过、相互回避，甚至相互伤害的结构模式。

《佳期如梦》的作者匪我思存在回答"创作过程中考虑得更多的是语言的优美度还是情节的跌宕起伏"这一问题时，既没有选择传统文学创作非常看重的功底——语言的优美，也没有选择网络文学创作非常看重的技巧——情节的跌宕，而是提出"情绪"是其创作的核心。她说："对我本人而言，写作过程中可能更追求的是一种情绪的极致。语言的优美与否或者情节的起伏，其实都是为了这种情绪而服务。而一旦当读者跟作者在情绪上达到了共鸣，他们就会觉得被感动。"[①] 这种"情绪"，是网络言情虐文中的"胺多酚"。在生理学上，疼痛可以使大脑释放出这种麻醉剂类的化学物质，令人产生胺多酚快感，将疼痛感与欣快感联系在一起。而在虐文的阅读中，情绪唤起了共鸣，这让剧情营造的心痛和共鸣带来的欣快同样联系在了一起。

网络文学诞生之初，和男性向网文直截了当的"爽"不同，女性向网文则诉之于"虐"。这种"虐文"以更加幽微曲折的心理路径，从与疼痛的共鸣和共情中，探寻自我的欲望与满足。网络言情小说中最具代表性的总裁文及其伴生的虐恋特质，是如何在受众的需求中应运而生的？虐文如何通过语言和情节营造出这种从"痛"到"快"的"情绪"？虐

---

① 长乐：《匪我思存：我不爱悲剧 快意恩仇是我本色》，太平洋时尚网，http://read.pclady.com.cn/home/plan/1211/898063_all.html#content_page_2，发布日期2012年11月2日，查询日期2018年4月3日。

文的爱恋与伤害背后，隐含着怎样的权力关系，投射了女性读者群体哪些被"压抑"却又"欲罢不能"的深层欲望？承载着虐与欲的总裁文，如何承上启下地完成了言情小说的时代转型，打开了女性直面自我欲望的开端？

本章将以被誉为"悲情天后"的匪我思存的"京城四少"系列作品为核心，分析网络言情小说高干文、总裁文等类型中的虐恋特质及其背后的话语模式，并阐述这些文学类型与话语模式在网络文学空间中的流变。

一、言情小说的网络转型

1. 小言情：从台湾书屋到大陆网络

成立于2003年的晋江文学城，是较早建立的网络文学网站，也是中国大陆范围内最具影响力的女性向原创文学网站和全球最大的女性向文学基地。晋江文学城的前身，源于晋江电信所创办的小型BBS，后来先后更名为"原创试剑阁"和"晋江原创网"，独立为网站式运营。建立网站之初，晋江文学城基础资源的早期流量，基本来源于将已经出版的作品扫描成图，再校对为文字，做成电子书放到网站上。这些被扫校上网的作品，一般都是台湾的言情小说。

20世纪90年代，台湾在资本主义的高速发展中，从工业化社会进入后工业化社会，消费主义初现端倪，大众文化日益流行，通俗文学成为其中的重要部分。尤其是在商业资本进入出版领域后，大规模、成体系的言情小说出版十分兴盛。以希代、禾马、飞象为代表的出版社，每月都会推出二三百部言情小说，每部销量在数千到一万不等。大量言情小说不是被个人购买，而是被生活社区附近的租书店购买，从而在快速的流转过程中辐射到更大的人群。这些台湾言情小说一般是5万~7万字一本，每本一个故事，采用64小开本印刷，便于装入口袋，随身携带，随时阅读，故而又称为"口袋言情"。"口袋言情"从文化土壤到市场客群、从出版形式到小说内容，都是充分服务于消遣娱乐，并不带有教化性质，同时对满足目标读者女性群体的需求有着高度的自觉。

广东花雨公司是较早发现台湾言情小说市场，并将其作品与模式引入大陆的出版商。它曾在2000年引进台湾"口袋言情"作品，并在装帧设计上尽力还原台湾风味，以PS手绘风格的温婉美女图片作为封面，推出多达672册的"花雨"小说系列，一时间引发了轰动。晋江文学城早期扫描校对上传的作品中，很大一部分都是这个系列的。晋江文学城站长冰心在采访中回忆道："那时候我们的工作人员扫校了很多这样的书。我们一开始做花雨书的时候，就跟花雨沟通过。花雨的老板同我们明确表示说，这个没有关系，他知道晋江是一个免费的网站，就当作一种宣传。"①（不过后来，伴随言情小说的网络转型，网络言情小说的情感模式和生产机制都发生了改变，花雨书系不复有往日辉煌，转而开始与早期未经授权就扫描上传花雨书系的网站打版权官司，以获得经济来源，而晋江就名列其中。花雨和晋江的这段纠葛，也可以作为言情小说网络转向的一个侧影。）晋江文学城开通原创园地后，这里涌现的早期大陆原创网络言情小说在诉诸实体出版时，网站牵线或者作者联络的出版机构也大多在人力、资本上拥有台湾背景，或者就是在台湾出版。

在这样的生态环境下，早期网络言情明显受到台湾"口袋言情"的影响。台湾地区历经了长期的日本殖民，留下了日本文化与殖民文化的深刻印迹，国民党败退台湾之后，又是长达38年的戒严，经济飞速发展，但社会运动和社会思潮几乎没有能够充分酝酿和爆发的空间，1982年才成立了当时唯一的带有妇女运动性质的机构《妇女新知》杂志社"。相较于新中国建立初期的"男女平等"妇女运动，以及新时期追求爱情自由、个人解放的社会思潮，台湾言情小说中的性别观念在当时其实是比较落后的。看看花雨系列的书名，诸如《二等女生头等爱情》《风流王

---

① 这段话来自2015年3月31日晋江文学城站长冰心在北京大学中文系的座谈，援引内容为现场录音记录。这场座谈后由肖映萱整理成文，题为《晋江文学城冰心站长驾到》，发表于《名作欣赏》2015年第25期。但因篇幅和公开发表所限，删除了一些具有研究价值的细节，故此处直接引用录音记录。

爷势利妾》《一封休书怨了谁》等，就可以略知一二。口袋言情针对的目标群体，是基数庞大的中学女生和家庭主妇，其流转形式是租书屋成批铺货、快速迭代，在生产机制内部没有提升思想深度的需求，甚至可以说，为了维持这一行业建立在走量不走质上的繁荣，需要数十年如一日地不进步。

　　大陆网络言情在此语境下，呈现出复杂的面貌。从台湾言情对大陆网络言情的影响来说，早期进入大陆的台湾言情小说，包括大红大紫的琼瑶言情和地下流传的口袋言情，都对读者、作者在形式方面（包括阅读习惯、审美标准）产生了一定的影响。最早出现并流行的网络言情类型，就是高干文、总裁文，其他流行类型还有军婚文与黑社会文。最早在晋江开始创作言情小说，并通过台湾背景的出版渠道面市的作品，显然继承了台湾言情的基本格调。

　　然而，从大陆网络言情对台湾言情的反叛来看，问题又并非如此简单。晋江文学城站长冰心表示，在网站明确地在"扫校"之外划分出"原创"部分后，"作者和读者渐渐发生了潜移默化的转变：以前可能大家觉得台湾的小说好看，但事实上我们只是没有给大陆作者提供一个园地"。"自从我们提供了创作园地后，大家的创作热情迅速地得到了释放，几天之内注册ID就达到了几千几万号，文章急剧增加。随着此过程的演进，读者的兴趣很快从台湾小说，转移到大陆原创小说。我们当时作为经营者也有很明显的感觉：（早期）'晋江文学城'指的是扫校台湾小说的那一部分，'晋江原创网'指的是大陆作者自己创作的这一部分。文学城的流量在迅速地下降，关注度减少；而原创网的流量像滚雪球一样提高。"[①] 无论是作者还是读者，虽然接受的是台湾言情的喂养，但并非对其完全满意。这其中既有量上的匮乏——花雨的672本作品与晋江的成千上万个ID，又有质上的不满——经历过妇女解放运动洗礼的大陆女性读者，并不满足于接受台湾言情小说中的爱情幻想，而是尝试表达出自己的感情诉求。

---

　　① 这段话来自2015年3月31日晋江文学城站长冰心在北京大学中文系的座谈，援引内容为现场录音记录。

这种从台湾书屋到大陆网络的转型，是从命名开始的。网络言情最早享有盛誉的四位作家：桐华、匪我思存、寐语者、藤萍，分别被誉为燃情天后、悲情天后、浓情天后、侠情天后。擅长高干文与总裁文、被称为"悲情天后"，又因为作品特别"虐心"被称为"后妈"的匪我思存，对自己写的小说有个特定的称呼——"小言"。她说："'小言'其实就是一种昵称，我们叫'小言情'，为什么前面加一个'小'字呢？原来，大家觉得小言情好像在文学这块确实所占的地位都不是特别重要，但是我觉得，这个'小'对我来说不是轻蔑是亲切，比如，你喜欢什么，你可能会叫他小谁谁。"[①]

　　"小言"这一命名，得到了圈内的广泛使用。这一个"小"字，呈现出了作者与读者的共识。首先，大家都清醒地认识到了其中的虚假。这个"大家"其实包含了作者、读者与旁观者三个群体。"琼瑶热"时，媒体上屡有中学女生沉迷言情无法自拔、听闻故事信以为真、主动模仿陷入早恋的报道，而非受众的旁观者也以此控诉言情小说的危害。然而，小言情的作者和读者，却清楚地知道其中的虚假，更知道它在文坛中地位低、在生活中是消遣，一开始就将其放在"玩物"的位置上，绝不打算为它正名，与"文学在于教化人心"的传统观念嬉皮笑脸地打着哈哈。

　　其次，言情小说的作者和读者，却也不由自主地肯定着其背后的真实。一个"小"的昵称，是将言情小说视为自家之物、私有之情。它当然是"玩物"，却也是"爱物"。在这些虚张声势的爱恨情仇背后，隐藏的是难以张扬却又异常真切的个人欲望和私人情感。言情小说的作者和读者，由此结成了一个情感同盟，她们在亲切的认同中相互宠溺，前者为后者提供抚慰现实的幻梦，后者容忍前者的缺陷与疏失。在网络文学的空间中，作者和读者的身份从一开始就是灵活转化的，她们共同抚育某一作品，每天看着它更新，留言讲述自己的感受，促进作品、作者和类型的成长。

　　网络言情从纸质出版到网络发表的转向，既是媒介与生产机制的转

[①] 匪我思存：《匪我思存谈言情小说：爱情的味道》，http://fwsc.wenxiu.com/archiver/?tid-17442.html，发布日期2009年6月8日，查询日期2018年4月3日。

向,也是作者与读者情感模式的转向。她们不再与传统文学评价标准正面交锋,不再列举出言情小说男主多么优秀、值得追求,女主多么善良、值得被爱,他们的故事如何教化人心——她们也知道这种说辞极其勉强。她们的新策略,是对着大众承认言情之无用,然后转身与自己的小众同好继续欣赏。"承认自己的欲望",特别是承认自己有着"庸俗"的欲望(尽管"庸俗"的定义如此可疑),这对饱受压抑的女性群体来说,并不是一件容易的事情。这个痛苦但真实的转型,正是与网络文学诞生之初最早兴起的总裁文、高干文,以及言情小说的虐恋风格,形成了同构。

2. 总裁文:从标榜高尚到直面庸俗

"总裁"成为言情小说的欲望对象,既是时代变革中个体价值不断被重估的缩影,又是作为言情小说受众的女性对自我欲望从回避到直面的过程。

早在言情小说的琼瑶时代,"总裁"就已经在爱情故事中隐隐浮现。不同于前现代由男性文人执笔,以及才子作为主角的人物设置,在资本主义充分发展的港台地区,商业帝国的"总裁"作为一种日常生活中可以感知,但一般民众又难以企及的权力形象,被言情小说发现并挖掘。在琼瑶小说中,这一形象常常作为父辈,成为少男少女在物质充裕环境中谈情说爱的经济后盾和威权阴影。1973年的《心有千千结》中,女主角是年轻的私人护士,男主角是富二代艺术家,男主角的父亲则是超级富豪。这位富豪笑容狡黠,脾气古怪,起初处处刁难女主角,最后却对其产生好感。虽然严格来说,他只是个配角,也并未和女主角发生爱情纠葛,但是"文艺子(男主)、总裁父(男配)"的结构模式却已经形成。

到了20世纪90年代崭露头角的席绢,轻快的"冰激凌小说",则将"总裁"拉入台前,成为男主角,直接作为欲望的对象。1995年的《罂粟的情人》中,男主角王竞尧是台湾最大企业王氏财团的少东,同时也是一手遮天的黑道头目。女主角卖身葬父被男主角包养,而男主角认定这个情妇才是真爱,最终和她远走高飞。这部作品集总裁、黑道、虐恋于一身,成为网络言情小说诸种类型的肇始。此时的男主角不但已经具有"总裁"身份，往往还搭配"霸道"的性格特征，增加了强势感与影响力。

　　2005年，明晓溪在晋江文学城开始连载《泡沫之夏》系列，男主角欧辰成为经典的"总裁"形象，开启了"总裁文"的风潮（小说另一男主角洛熙，则作为明星、演员，开启了"娱乐圈文"的先河）。这个系列小说的结尾，总裁欧辰与女主角夏沫走到了一起，而明星洛熙则遗憾离开，仿佛是对琼瑶时代总裁登场的遥远回应，霸道总裁终于取代文艺才子，成为新的欲望对象。2007年，顾漫在晋江文学城开始连载的《杉杉来吃》，则是一部具有代表性的总裁文。而2014年这部小说改编的电视剧《杉杉来了》热映，其中男主角封腾"我要让所有人知道，这个鱼塘，被你承包了"的台词，让"霸道总裁爱上我"的类型模式进入大众流行文化。

　　在言情从港台到内地（大陆）的转移中，曾经短暂地兴起过"高干文"这样一个带有鲜明地域特色的子类型。高干文的主人公，通常是高级干部的子女。小说一方面描写了作为高干子弟的男主角与平凡家庭的女主角之间，因为家庭和阶层的差异而不断延宕的感情故事；另一方面描写了高干子女群体的大院生活和社会交际，满足着一般民众的好奇心与窥私欲。2005年缪娟在晋江文学城开始连载的《翻译官》，一般被认为是"高干文"早期代表作。2006年匪我思存在晋江文学城开始连载的《佳期如梦》，以及其后围绕此架构创作的"京城四少"系列，则杂糅了总裁与高干，将这一大类发展到顶峰。2009年书海沧生在晋江文学城开始连载的《十年一品温如言》，成为后期又一部经典高干文。

　　如果说总裁文继承了港台商业文化，展现了对金钱和财富的推崇，那么高干文则具有内地（大陆）特色，反映了中国自古以来"官本位"社会对于权力的迷恋和想象。2014年4月，全国"扫黄打非"工作小组办公室、国家互联网信息办公室、工业和信息化部、公安部为依法严厉打击利用互联网制作传播淫秽色情信息行为展开"净网行动"。在这次行动中，高干文因其敏感性被各大网站大量下架，晋江文学城禁止签约作者创作高干题材，总裁文随后一家独大。之后，总裁文在网络言情中的先发优势、庞大数量和高度的影视转化率，也让"霸道总裁爱上我"成为一般民众对于网络言情小说的粗浅印象。

从"才子佳人"到"财子佳人",经济发展、社会变革的时代给人们带来了新的欲望。财富、地位和权力,起初还是作为主角的父辈的背景,或者与"英俊善良又忠诚"的传统美德杂糅在一起,为女主角的选择提供合法性论述。然而在流变中,这些特质却日渐崛起,成为"总裁文"男主角直截了当的标准配置,甚至在"高干文"这种变体中,男主角既没有当总裁的能力才干,其品德也被刻意与传统美德割离。这是一种自残式的言情写作,因为它去除了一切粉饰,呈现出了"爱上尸位素餐之人"这样一个女主角与受众共同的困境。

与其说是"言情拜金",不如说是"向死而生",它们以另一种方式,再次探索"爱情"与"附丽"的关系,开始直面女性在长久压抑下不得不曲折表达的欲望。

3. 虐恋:该以何种方式偿还爱

伴随着改革开放的推进,人们的物质条件由匮乏转变为相对丰沛,然而人们的幸福感和满足感却呈现出绝对值的上升和相对值的下降。当人们的视野更加开阔,更多地看到了超出自己现有能力范围的社会阶层与生活方式,也就随之带来了强烈的焦虑和困惑。

20世纪八九十年代的台湾,支柱产业从进出口贸易和加工转向以半导体产业为主的电子制造,经济结构的变化与文化上的影响,导致已婚女性就业率偏低。一般女性的生活路径是结婚之后成为全职主妇,而在念书期间就觅到佳婿良伴是大多数人的美好愿望。以琼瑶为开端的台湾言情小说创造的想象空间,都是为这种受众心理期待服务的:温良恭俭让的女性寻觅到相貌堂堂、实力雄厚的伴侣,守护自己的家庭,过上美满的生活。

在香港,经历的经济结构转型则是走向金融业与服务业,前者属于性别偏好较低的知识密集型产业,后者中女性具有天然优势。因此,香港虽然在精神上备受传统重男轻女思想影响,但在行动上总也还算诚实,香港女性的社会化、职业化程度一直在亚洲较为领先。正是在这种保守思想和先进行动的矛盾之中，才酝酿出了以亦舒为代表的港式爱情小说：爱情固然可贵，但男人却不见得靠得住，最重要的还是女性要拥有自己的安身立命之本，才有讨价还价的底气。

而经历过"妇女能顶半边天"的新中国建立初期、解放自我追求爱情的新时期，又一明一暗地接收了琼瑶与亦舒两股言情脉络的大陆（内地），在网络时代这场自我书写的大潮中，最初呈现出的是相当拧巴的面貌。一方面，开始赋予"爱情"以更加实际的内涵，接受港台言情文化中的经济实力评价标准；另一方面，长久的感情永远讲求匹配，不是外在条件上的利益对等，就是内在心理上的深度绞合。而当大批女性还没能积累起自己的原始资本，却先看到了更高处的风景，所有"白日梦"的讲述下就隐藏了"灰姑娘"的焦虑：我究竟该以何种方式偿还爱？

网络文学可以穿越古今、驰骋想象，但无论是作者还是读者，都会努力追求情感上的真实。受到所有异性角色喜爱的"玛丽苏"女主角，总会遭到强烈吐槽。因而在总裁文、高干文里，如何构建出感性上能够代入、理性上可以相信的感情模式，是必须面对的问题。"虐恋"的痛苦，既来源于爱情幻想中双方的不匹配，又来源于希冀这种痛苦可以增加心理上的筹码而达成双方的匹配。

虐恋看似反常识，却有其内在逻辑。人们不是不想拥有甜美的爱情，但"恋爱就是要开开心心"的前提，是彼此都将感情作为锦上添花的装饰。而此时此刻，读者自我投射的女主角和目光所企及的男主角，在不平衡的关系中不可能和谐轻松。只有"痛苦"这一带血的筹码，才能与天平另一端金钱权力堆成的高峰相匹敌。唯有痛苦，才能偿还爱，偿还债，这就是相爱相杀、虐恋情深。

二、虐恋情深的心理模式

1. 不完美的男主角

2004年在晋江文学城以《芙蓉簟》（出版时改名为《裂锦》）出道的

匪我思存，现今已有 25 部作品问世。除了在网上拥有超高人气和声望，实体书的印数也稳定在 10 万册左右，累计销量 300 万册以上，并且远销越南、泰国等东南亚地区。匪我思存是一位与大众文化各种媒介都互动频繁的网络作家，已经售出了 13 部作品的电视剧改编权、2 部作品的电影改编权，近年更是成立了自己的影视文化公司，亲自操刀推动作品的影视转化。

为匪我思存奠定江湖地位的，要算 2006 年在晋江文学城发表的《佳期如梦》。这部作品虽然仅有 15 万字，却在晋江有超过 1300 万的点击量。百度搜索"高干文"，算法自动推荐的前八部作品中，《佳期如梦》排名第二，堪称这一领域的经典代表。《佳期如梦》收到的热烈反响，让匪我思存在 2008 年又根据其架构，创作了两部系列作品《今生今世》与《海上繁花》。在这一架构中，阮正东、雷宇峥、纪南方和叶慎容四人是从小一起在北京大院长大的高干子弟，自幼千丝万缕的家族利益联系和成年后尔虞我诈的商场争斗交织成了一张关于权力的细密的网。按计划将有四部小说分别以他们四人为主角，讲述他们各自的感情经历，描写军区和机关大院中军二代、官二代的生活，因而这一系列被称为"京城四少"系列。因监管屡屡收严，"京城四少"系列的最后一本未能完成，但这一架构和三本小说，以及亮相的男主角们，仍旧收割了大批粉丝。

值得关注的是，这些人气男主的形象，已经和上一代言情小说中的男主角有了关键的不同。在此之前，大众文化流行的琼瑶言情，从愿意与我们"看雪、看星星、看月亮，从诗词歌赋谈到人生哲学"的尔康，到表白"每一天每一秒都在想你，你充满了我的心灵和思想"的书桓，再到高呼"我不在乎，我会宠你"这爱的宣言的费云帆，都在外表上风度翩翩、仪表堂堂，走到哪里都能成功吸引异性的目光；内涵上满腹诗书、才华横溢，可以和女主角心灵相通、无所不谈。最为重要的是，这些男主角对女主角，都是至死不渝、忠贞不贰，他们对于爱情的执着和坚贞，成为琼瑶式言情叙述的坚实基础。

而"京城四少"则不然，他们依旧风度翩翩、仪表堂堂，但才学的出众渐渐不再是重点，家世的显赫才是关键。他们展现出来的见识和能力，都放到了食不厌精脍不厌细的享受上，刻意营造出一种富贵闲人的浪荡与随意。毫无疑问，这些男主角拥有雄厚的资本，尽管这些资本绝大部分得益于他们父辈留下的人脉、权力与财富，但是并不妨碍他们理直气壮地利用这些在社会的丛林法则中如同强壮的雄性动物一样恃强行凶。

在文本中，作者暗示或明示的，已经不再是男主角的个人魅力，而是他们的强大力量所带来的恢恢阴影。《海上繁花》中，雷宇峥的弟弟邵振嵘是女主角杜晓苏的原男友，晓苏应约去见男友父母，振嵘这才告诉她自己的父母是国家的高级干部，晓苏的第一反应却是感到害怕：

> 她不知道，她脑中一片混乱，全成了浆糊，她什么都不知道。
> 他牵着她的手向登机口走去，她急得快要哭了："我们可不可以不去？"①

而对权力的利用，在言情小说中，不再是展现男主角一往情深地为女主角做了多少事情、面对其他"妖艳贱货"义正词严地拒绝，而是忠贞不复、风流当道。与之配合的是，那些炮灰女配，也不再横插一脚再起波澜，而是知情识趣的，谈的时候笑脸相迎，分的时候拿钱走人。《今生今世》中写道：

> 张可茹像只受惊的小兔子，不知道她（女主角叶慎守——引者注）要说什么。
> 她什么也没有说，不过把纪南方这么多年的女朋友们描述了一遍，有些是她亲眼见到的，有些是她听说的，有的美得惊人，有的也不怎么美，最长的断断续续跟了纪南方差不多两年，最短的不过

---

① 匪我思存：《佳期如梦之海上繁花》，晋江文学城，http://www.jjwxc.net/onebook.php?novelid=393055。本书所提及的大多数作品均有纸质出版，但相对于最初网络发表，在内容上都有不同程度的删改。因立足于网络文学研究，故本书所引作品选段，均采用受众范围最广、删改幅度最小的网络首次发表版本。

两三天。分手的时候也有人哭闹,但纪南方处理得挺漂亮,他出手大方,从来不在钱上头吝啬。

最后张可茹说:"谢谢你,我明白了。"她的脸色已经平静下来,如同刚刚睡醒的样子,眼里渐渐浮起悲哀:"我知道我这样不应该,可我没有办法。"①

拥有大量生存资源的雄性可以在竞争中拥有大量雌性——当这个动物性法则渗透进言情小说,女配角们也开始遵循这样的游戏规则时,网络言情所起到的作用就不是在残酷社会之外营造一个白日梦,而是在残酷社会之内支起一个避难所。在高干文与总裁文中,没有因爱而来的女配角,也没有女性与女性的较量,女主角所面对的挑战只是这个潜在的动物性法则:接受这个规则,就自请入局;不接受这个规则,无非也是自己心里搓火。

他身边的女伴走马灯一样,换了又换,亦并不甚瞒她。他将她不远不近地搁着,像是一尊花瓶,更像是一件新衣,他新衣太多,所以并不稀罕,反正挂在那里,久久不记得拿出来。有次喝高了,半夜打电话给她,有一搭没一搭地跟她说话,后来电话那端隐约听见远处女人娇滴滴的声音:"正东,你洗不洗澡啊?"他说:"就来。"嗒一声将电话挂了,剩了她哭笑不得。②

值得玩味的,不是作为爱情基础的"唯一"和"忠诚"已经成为不可再得的品质,甚至成为连言情小说男主角都不能满足的品德,而是"不忠"已经替代"忠诚"成为言情故事的元设定。面对阮正东的女朋友们,尤佳期也只是"哭笑不得",最多开玩笑般追问一句"盛芷是怎么回事?"更多的时候,她是一副安之若素的态度。没有了一哭二闹三上吊

---

① 匪我思存:《佳期如梦之今生今世》,晋江文学城,http://www.jjwxc.net/onebook.php?novelid=287488。
② 匪我思存:《佳期如梦》,晋江文学城,http://www.jjwxc.net/onebook.php?novelid=132541。

的桥段，也没有"你无情你残酷你无理取闹"的戏码，匪我思存笔下的女主角们，面对男友不甚清白的情史，不计较、不吃醋、不纠结，无奈有之，而更多的则是淡然，仿佛比男友经历过更多情海历练，早已修得金刚不坏之身。

一部言情小说，为什么男主角可以如此心安理得地展示不忠，女主角可以如此淡定超脱地视而不见？为什么这样的故事仍旧让读者相信、投入并且感动？这两个问题，都引导我们再度审视匪我思存的小说，从而让"二男一女"故事结构中的另一男性角色浮出水面。

这"另一男性角色"可谓小说中幽灵般的存在。《佳期如梦》中的孟和平，即是这样一个人物。作为阮正东的好友和尤佳期的初恋，他在正东对佳期莫名其妙又若即若离的追求中突然出现，勾起了佳期对校园时代纯洁真挚的恋情的回忆。当年因为家世悬殊，出身将门的孟和平不惜与家人决裂来守护爱情，而尤佳期则在重重压力下选择了逃避与分手。当两人再次相逢时，身边已各结新欢，但对那段过往却都无法释怀。对佳期来讲，和平是永远无法忘却的初恋：不但因为两人才貌双全、情投意合，更难得的是和平对爱情深沉的坚守。因而相较于游戏人生的阮正东，内敛沉稳的孟和平更像是言情小说的理想男主。

相似的是，《海上繁花》中雷宇峥的弟弟邵振嵘，也是杜晓苏挚爱的男友，但在奔赴地震灾区救治伤员时不幸殉职；《今生今世》中的易长宁，作为杰出校友回校演讲时，挑起了叶慎守最初的心动，最后因为无法解释自己小姨与叶父的越轨关系，离开了叶慎守。这些作为旧情人的男二号，不但拥有毫不逊色的家世，有的甚至和男主角就是亲兄弟，而且自身出类拔萃、业务能力优秀、品德高尚正直。最重要的是，他们和女主角们的相处，永远都是相知相爱，纯洁美好，只有甜蜜，没有痛苦。就连分手，都和他们自己毫无关系，只因外界的阻隔而无法终成眷属。

就连作者也表示，京城四少都是配角。于是小说的思想与文本就在此处产生了微妙的裂隙：戏份上的男配角，才是精神上的男主角；戏份上的男主角，只是精神上的男配角。而这精神与戏份，或者说，幻想与现实，又是无法统一的。譬如，此时的佳期与和平，中间已经隔着太多人与事，无法跨越，而身患重病的正东也向佳期坦陈，最初是由于想为和平报仇而追求佳期，最后却爱上她而再难放手。

这些理想男性的确存在，然而只属于过去、只属于回忆：孟和平停留在过去，邵振嵘去到了天堂，易长宁高飞向远方。即使他们之中有人重新出现，穿过时间水帘的洗礼，他也不再是那个他。所以没有一见钟情、没有失而复得，只有永恒的失却。

因此，女性面对正在进行的那份千疮百孔的现实之爱，便多了几分淡定和超脱。她们曾经拥有过这样一份完美的爱情、理想的恋人，故而面对男主人公，从一开始就不奢求赋予他理想的色彩，正是因为意识到永恒的失却，所以对能够得到的东西也就有了更多的包容。理想男性就是这样在"在与不在"之间，永远在场，却又始终缺席。

这不是两个男性为了一个女性争风吃醋的言情小说，在匪我思存的回溯性叙述中，理想男性的形象恰如幻象之幻象，被作者推到了无限渺远的过去，这大概是言情小说读者距离理想男性最遥远的一个时代。而在这遥远距离与双重幻象之中，又内含着自我解构的"后门"，那只存在于"对过去的回忆"中的理想男性，究竟是"过去"，还是"回忆（想象）"？理想之爱已死，这毫无疑问，又并非终结，问题在于，它是否存在过。换言之，我们的女主角不断凭吊的理想之爱的墓碑，究竟是埋葬了被时光杀死的恋人，还是只是一座自我想象的衣冠冢？但女主角们如同接受男主角们四处风流一样，淡定地忽视了这些逝去之爱存在被回忆过度美化的可能，将它们作为自己在这段虐恋里的那个"安全词"，那个让人心安、心定的信仰。

在引人泪水涟涟的虐恋故事中，作为施虐者的男主角，用他的风流任性，以及对女主角爱答不理，不断挑战女性的承受极限，逼迫女主角与女读者因痛苦认识到爱意，从爱意中得到快感。而那个曾经存在过的"理想恋人"，则是这段关系中的"安全词"：当他没有出现时，女性因为在内心深处拥有着他，而对一切可以造成痛苦的冲击坦然接受，但是当他一旦出现，男主角就立刻放弃"虐"转为"恋"，重新抓住可能离开的爱人。理想前任衬托下的不完美男主角，为这段感情提供了心理接口，以虐恋相绞合的情感羁绊基础，也就由此形成。

2. 关键物与结契约

李银河曾在《虐恋亚文化》中揭示，虐恋的两大特征，分别是契约性与仪式性。契约性是指两人的一切行为皆出自自愿约定，本质上是"一个愿打一个愿挨"，任何参与者都有权随时退出游戏，终止约定。仪式性是指和虐恋的肉体疼痛相比，更重要的是通过仪式让心理层面从"支配—服从"的权力关系中获取精神快感，而这种"转移"和"放大"，才是真正的快感来源。那么，网络言情的"虐文"中，契约性和仪式性是如何达成的呢？

"二男一女"的故事模式，在传统言情小说中，必然是两位男性为唯一的女性争风吃醋乃至大打出手，成为骑士小说与决斗情节的翻版复刻，但是在以匪我思存作品为代表的网络言情高干文、总裁文中，两位男性恰恰处于时间轴的过去和未来两端，"往者不可谏，来者犹可追"，旧日情人已经不能够再续前缘，而眼前恋人也是需要几番过招才能缔结感情盟约的对象。

《佳期如梦》小说伊始，从外在条件上，尤佳期是一个貌不惊人的白领职员，阮正东则是一个潇洒俊逸的二代公子；而在心理层面上，尤佳期曾经拥有过一段刻骨铭心的完美感情，正对公司同事的拙劣追求不堪其扰，阮正东则是万花丛中处处留情，甩起人来干脆利索。无论是外在条件，还是内心匹配，这两个人都不在同一层次。能够让两人产生联系的心理动因，是阮正东对发小孟和平前女友的好奇，但是这一心理动因不可明示，直接表现在外而让两人产生交集的，则是伴随着阮正东首次亮相出现的一个"关键物"——火柴：

  那阮正东只是笑，深邃狭长的丹凤眼，笑容里仿佛透出一种邪气，就在那里微微低着头，划燃火柴点起烟来。细长洁白的梗子，轻轻地在盒外划过，腾起幽蓝的小火苗。他用手拢着那火苗，指缝间透出朦胧的红光，仿佛捧着日出的薄薄微曦。

那火柴盒是暗蓝色的，只有窄窄的一面涂了磷，暗蓝近乎黑色的磷，在灯光下骤然一闪，仿佛洒着银粉。佳期情不自禁盯住那火柴盒，直到阮正东将它递到她手中，她才有些懵然地重新打量这个男人。①

尤佳期之所以对这盒火柴如此着迷，是因为她第一次见到前男友孟和平时，和平用的也是这种火柴。那时候她不知道和平家世显赫，纯粹是对"孟和平用火柴抽烟"这一场景的美感产生了沉醉的欣赏和接近的好奇。火柴于她而言，是初见场景的点睛装饰。后来佳期才知道，"那种火柴是特制的，外头根本不可能有"，了解到了这种火柴所附加的特殊意义。"火柴"此时对于她，已经不再是一个普通的物品，而是成了一个符号，其所指是能够拥有和使用这种火柴所具有的权力和地位。如果说盯住孟和平的火柴的尤佳期还是一个单纯的女生，那么盯住阮正东的火柴的尤佳期，首先已经清楚地知道她所面对的人可能是何种阶层；其次，她仍然"情不自禁"地"盯住"了，迅速识别了这一符号并被它吸引，想要进入符号背后的意义链条。

在这一关键物出现之后，阮正东的二次出现，则带来了两重含义。第一重含义是，他为那盒特制火柴进行了世俗化的解读和展示。这种解读和展示体现为：第一，他在没有询问佳期的情况下，得到了她的姓名、电话与公司——这是向佳期个人展示；第二，他订花送到佳期公司，花束迅速被女同事认出是荷兰空运来的白玫瑰，"这种玫瑰要多少钱一枝，你也不去打听打听，如今哪个男人肯随便买这种花大把送人？"——这是向佳期的近距离接触人展示；第三，他驾驶着昂贵的轿车来接佳期下班，骚扰佳期的追求者终于知难而退，"翌日，全公司皆知她有位有钱的男朋友"——这是向佳期的远距离接触人展示。如果说特制火柴巧合并且隐晦，那么阮正东后续的一系列行为，就已经近乎直白地告诉了佳期他是有怎样雄性实力的人，而尤佳期面对这一切的反应则是：

---

① 匪我思存：《佳期如梦》，晋江文学城，http://www.jjwxc.net/onebook.php?novelid=132541。

佳期一下子想到那盒火柴，只诧异此人神通广大，看看花倒是可有可无的样子。①

尤佳期对于火柴与特权的认知，具有第一眼就识别的敏锐和过了许久也能回想起的深刻。她不再是传统言情小说里那种标榜"被权势者追求而不自知"的单纯少女，而是在认识到甚至恰到好处地利用了这些展示之后，答应了阮正东的邀约。这是阮正东出现的第二重含义，也是一份双重的契约邀请：既是邀请共进晚餐，也是邀请她进入这段追求关系。尤佳期欣然应邀。

促使两人关系再次发生变化的，是阮正东带来的第二个关键物。这个关键物是一个场景：阮正东查出肝癌晚期，养病期间，和尤佳期一起看过电影《大城小事》，尤佳期对影片中黎明和王菲站在金茂大厦上看烟花的画面念念不忘，说这个场景"让人觉得真的是天长地久，一生一世"。阮正东在这次闲聊的最后，第一次提出"佳期，我们订婚吧"，但是尤佳期不置可否，两人迅速滑过了这个问题。在病情恶化后，阮正东带尤佳期来到金茂大厦顶层的高档餐厅就餐，餐后，酒店公关部经理带领他们从员工电梯穿过机房，来到电影中男女主角看烟花的孔窗，对岸的外滩建筑物的装饰灯齐齐亮起，烟花在天空中绽放。

（她）仿佛是做梦一般，明明知道即将发生什么，可是不能相信，喃喃说道："新闻从没有预告，说今晚上海会燃放焰火。"

他微笑："是啊，可后来有关方面突然觉得，如果今晚不燃放焰火，不能体现欢乐祥和的新年气氛。"

冠冕堂皇，理直气壮得如同一个真正的谎言。

她不能置信，无法言语。

天空中隐约传来沉闷的"嘭"的一声，一朵硕大无比的金色花

---

① 匪我思存：《佳期如梦》，晋江文学城，http://www.jjwxc.net/onebook.php?novelid=132541。

朵绚丽突然绽放在夜幕上，越开越大，越绽越亮，几乎点燃大半个夜空。

美丽得几乎不可思议。①

在这个充满仪式感的场景中，包含了财富的象征，如在顶层餐厅就餐、请酒店公关经理接待，更包含了权力的象征，如走员工通道来到孔窗、打通"有关方面"重现电影场景。一方面，构造出最终场景的所有元素，都是基于他们曾经的共同记忆，是为尤佳期独家定制的。另一方面，这些元素不同于空运鲜花或者跑车接送，那些都是用金钱可以购买的，本质上说，仍旧是在开放市场上人人都可以拥有的消费品。而亮灯、烟花，则是金钱无法购买的，是需要"高干子弟"的身份和"有关方面"的打点的、权力赋予的超越日常生活之物。

这个关键场景意味着，阮正东所能提供给尤佳期的，除物品的使用意义外，更有物品背后的象征意义——专属性、稀有性和排他性。这些意义最终指向的不仅是"权力"，而且是"特权"。也就是在这个场景中，阮正东再次对尤佳期表白，尤佳期终于说道"我要跟你在一起"，而在她那汹涌澎湃的心中，却反复确认着"她爱他""用尽了全部的力气"。

在网络言情的"虐文"中，"关键物"和"关键场景"，恰好是达成契约性和仪式性的两把钥匙。前者通过对特殊之物——价值昂贵且不易获得的财富和权力的符号——的指认，如同对上了接头暗号一样，达成虐恋的契约关系，他们都默认悬殊的阶层地位将带来某种超越性体验。后者通过关键场景，亮出底牌，展现权力之上的权力，其促成的不是量变，而是质变。女主角和自我投射于女主角身上的读者所获得的快感，则来自通过这一仪式无限贴近那个庞大而至高的权力之巅。"关键物"和"关键场景"构成了虐恋关系中的契约性和仪式性，许诺了"痛苦"终将到达"快乐"的彼岸。

---

① 匪我思存：《佳期如梦》，晋江文学城，http://www.jjwxc.net/onebook.php?novelid=132541。

3. 虐恋情深的三重幻象

在网络言情小说兴盛之前的琼瑶式言情中，女性仍旧敢于幻想这世界上存在这样一个完美男性，在与他轰轰烈烈的爱情故事中，女性可以激发出生命中最璀璨的火光，完成对日常生活的超越，实现自我的人生价值。

高干文和总裁文的出现，以及相伴而来的"虐恋"情和"霸道"风，为琼瑶式言情画上了句号。启蒙理想的坍塌，爱情神话的破灭，在社会的飞速转型发展和市场经济体制的建立、消费文化的兴起面前，几乎没有留出举办一场告别仪式的时间。曾经被烙印下"没有得到过爱情，生命就没有意义"的人们，突然发现理想爱情已经烟消云散，无论你如何努力，都没人再能许诺一个与你相配的完美伴侣，主体的焦虑和恐惧由此倏而勃生。

当"理想"注定独自远去、即将和我们分手，当我们像每对俗套怨偶都会进行的俗套对话一样泪水涟涟地说道"我能问你最后一个问题吗？"①面对这已经无言的爱情，匪我思存却为我们递上一张纸巾，虽不明言"你是否爱过我、我是否得到过你"，但还是善解人意地捏捏我们的手，代替他回答道："爱过。"

"爱过"成为匪我思存对于这一时代的处理方式。所谓"爱情"，那些绝对完美的男性与真挚动人的感情，全部只存在于女主角对往昔的追述之中。我们很少能在小说中找到复调的叙述方式，叙述者总是独自一人、喋喋不休地讲述着她的爱情。一段恋情应是由双方共同参演的，而讲述爱情的时候，这段关系已经不在，叙述者回忆、思考、加工、美化，在讲述中获得满足，获得救赎和净化，从而超越了过去，也超越了当下。那些"美好得不真实"确实只是"美好的不真实"而已。匪我思存没有

---

① "最后一个问题"是一种网络句式，来源于情侣分手前，常常有类似的对话："能问你最后一个问题吗？""你问吧。""你爱过我吗？""爱过。"因为经常使用而变得俗套，后来在问"能问你最后一个问题吗？"后，另一方就省略中间对话，立刻回答"爱过"。经过网络对该句式的戏仿，其他语境下的"最后一个问题"，也被接上"爱过"的回答，以形成喜剧效果。譬如，论文答辩即将结束，老师问"能问你最后一个问题吗？"学生答"爱过"。

帮助女主角们将美好的幻象道成肉身，而是将幻象归为幻象，拉开足够的审视距离，让人产生一种困惑：这位可怜的少女，究竟是刚刚失去她的爱人，还是一位癔症患者？

幸好，这个"曾经有过"的理想爱人，堵住了心中那个焦虑不安的黑洞。她们的内心对其中的虚假一清二楚，却要用加倍的痛苦来反证曾经拥有的喜悦和甜蜜。因此，"虐恋"的第一重幻象，便是这个曾经存在的理想之人。现在，这个理想的化身已经一去不返，于是能够证明我们曾经拥有、曾经倾尽所能希望与之共度一生的东西，只剩下痛的感受。这种疼痛越彻底，就越能表明我们依旧在乎、我们还未放弃。

这个"理想"，如果按照弗洛伊德的精神分析学与现在的网络流行语来说，就是每个女性的"幻肢"，是她们假想中的阳具。她们曾经希望以此作为武器，与整个世界战斗，却在时代的急速转弯中被一刀阉割，她们与阳具的最后联系，就是分离的疼痛。抓住这种感受，就仿佛抓住了阳具，就仿佛理想仍旧在，起码没有走远。在虐恋的这一幻象中，女性感受着绵延不断的幻痛，而只有疼痛才能够证明自己仍抱有希望。

正如上文所述，"悲惨"的根源，来自女主角不由自主地爱上了男主人公——作为一个特权的化身，他与曾经的"理想"相对，我们可以姑且称之为"现实"。这段感情之所以能够让女性沉醉，是因为通过关键物和关键场景，男性先是将女性带入了消费秩序，让她看到了商品与消费所指涉的意义链条，继而通过又一个超越性经济活动，也就是足以达到质变的权势，获得了"不可购买之物"。接受消费秩序，进而超越一般的消费秩序，这样的进入与超越，带来了一种无限接近宏大叙事与无形权力的想象。

女性在这个虐恋的关系中甘情愿地臣服，一方面，源于越贴近这一庞大的权力所在，越能够感受到它超越想象的巨大威力。这种威力带来的阴影，既能够让人躲避烈日，也能够让人不见天日。如同《海上繁花》中的雷宇峥对杜晓苏，前脚可以为她在仗势欺人的前男友夫妇那里出头，用自己的权力碾压对方，转眼就能收回杜晓苏最在乎的那套与邵振嵘合买的房子，让她毫无准备地流落街头。因此这种臣服，相当程度上来源于"自保",为了生存下去,女性必须驯顺地上前,才能躲避威权突如其来的震怒。

另一方面,这种切近也让女性感受到,这种权势根深蒂固、森严封闭,是她们个人无法达到之处。21世纪以来,社会转型红利逐渐耗竭,大浪淘沙中沉淀下来的层层砂石正在日益板结,她们的生存境遇仍能通过个人努力改善,却已经很难彻底改变。于整体人群如此,于女性而言更是如此。渴慕强权的女性会发现,在权力的交换法则中,它不会平白无故给你青眼,你要么足够强悍到让它给出掌声,要么足够忍耐它随时打出的耳光,两者之间,总要择其一。哪怕要换得权力的短暂温柔,也需要接受它长时间的虐待。

爱情神话的消散,带来的是女性外在的身份认同缺失和内在的强烈匮乏。师承拉康的法国精神分析家霍夫曼揭示道,在精神分析中,一个主体只有通过被大彼者命名才能够进入象征秩序,成为语言的主体,也就是意义的主体。[①] 在生存的"无(意义)"和死亡的"有(意义)"之间,后者反而成了一条"生"路,甚至可能是唯一的生路。只有用身体和心灵,甚至可能用生命,去供养那个不可企及的大彼者,成为它的生态系统的一部分,才能完成某种进入其中、与之一体的想象。正是在种种痛苦之中,女性感知到了自身的存在,将现实生活中的种种困境赋予崇高的意义,在两性关系中为自己找到了主体与价值——尽管在未经伪装的现实层面,这一获得往往伴随着压迫与剥夺。

"虐恋"的第二重幻象,就是女性已经在现实的磨砺中,臣服于权力及其象征,希冀从中获取利益,获得永恒的历史体验,但是她们不能承认,既不能承认爱慕,也不能承认顺从,只能用尽办法,去"扮演屈从",表演疼痛。这种表演性带来了疏离感,保持了她们的形象虽然纠缠于功利,但是又超越功利的存在形式。遭受权力的压迫,是第一层受虐的痛感;沉溺于这种受虐方式,内心渴望又不能表达,必须假装,是第二层的受虐痛感。这两种层面交叠,共同构成了"虐恋"的第二重幻象。

[①] [法]克里斯蒂安·霍夫曼、[法]若埃尔·比尔曼:《拉康与法国式的精神分析》,杨春强译,载于[法]伊丽莎白·卢迪内斯库《拉康传》,王晨阳译,北京联合出版公司,2020年。

在第一重幻象里，理想之人可忆而不可即；在第二重幻象里，沉溺于权力的压迫，并迷恋这种受虐，却无法承认这种迷恋。虐恋带来的第三重幻象，则是基于这两者之上：当发现内心已经认同权力、趋向权力，在现实的层面中以受虐与其发生联系，也就同时意味着对理想的背叛和放弃。

匪我思存的"二男一女"结构中，"放下过去的前任，接受身边的追求"只是话语的表层，是充满实用主义意味的丧事喜办，它遮掩的恰恰是"放弃理想、追随权力"的实质。完美的理想之人，从一开始就被默认为难以忘却，并且在女主人公无数次的回忆和重述中，显得愈加熠熠生辉，而这一切都在最后被兑换成了更大的筹码。"道德受虐倾向是最重要的一种受虐倾向，心理分析的最新观点认为，它源于某种无意识的负罪感。"[1] 弗洛伊德对于道德受虐的阐述，揭示了在"放弃理想"的过程中，女主人公复杂的"负罪—受虐—快感"体验。她放弃了她曾经的"理想（之人）"，也就成了一个有罪之人，从清白的此岸抵达了灰色的彼岸，与男主人公更进了一步。

男主人公表达爱情，是通过"奉献"，因为他所拥有的东西太多，提供一两件超越之物就足以撬动对方心门。而女主人公表达爱情，则是通过"抛弃"，因为和这位男性相比，她的那点资源简直毫无胜算的可能，索性从物质到精神都彻底抛弃。她们最后辞掉工作、忘记前任，用 All Out（竭尽全力地付出）的方式 All In（全部押上），以此完成对男主人公的最终臣服。

虐恋的第三重幻象，正是对于"理想之人"从坚持到放弃的痛苦。割舍理想如同进入当铺当物换钱，那一瞬间割舍的痛苦之后，是再次手捧资本、可以追加投注的投机快感。然而幻象最终只是幻象，在与官富二代及其背后资本与权力周旋的过程中，女性从矜持到接受，从投入到疯狂，受虐成为一种类似宗教的迷狂，提醒她们只要投入痛苦，就能接收快感。

---

[1] 李银河：《虐恋亚文化》，中国友谊出版公司，2002年，第255页。

虐恋带来的三重幻象，每一重都带来了抚慰和快感，但是"虐文"的所有情节都是在千方百计地掩饰这种快感，他们相互错过、回避，是为了将"承认"的话语权力交给读者。只有作品中的人物把手放开，全情投入的读者才会急匆匆地跳出来，替她们拉起手来。女主人公以自己的拒绝和痛苦换取了读者的承认，尤其是唤起了女性读者为自身压抑的、不可言说的情感模式正名的强烈意愿。

齐泽克利用精神分析指出："正是幻象这一角色，会为主体的欲望提供坐标，为主体的欲望指定客体，锁定主体在幻象中占据的位置。正是通过幻象，主体才被建构成了欲望的主体，因为通过幻象，我们才学会了如何去欲望。"① 这种全新欲望模式的建立、新旧情感模式的交接错位，让女性开始直面自我的欲望，也开始探寻欲望对象背后的真正目标。

三、"总裁爱我"将走向何方

1. 正视白日梦

无论是不完美的男主角，还是以痛苦取得心理制高点的感情，都展示了在这场白日梦中，女性想要获得的不只是男性的爱慕，更是男性所拥有和代表的东西。"我们这个社会一切通往权力的途径都完全掌握在男人手里"②，因此，网络言情小说中的感情的缔结，成就了女性获得权力的幻想，因为这种方式可以让女性读者相信"她也有控制他的某种权力，既然他的伟大的权力最终被一名妇女（女主角）利用"③。唯有"她"才能唤起"他"征服与拥有的欲望，唯有"她"才能激起"他"表白与相守的渴望，一直处于强势的男主人公最后仍不得不丢盔弃甲，将自身所代表的权力一一送上。

---

① ［斯洛文尼亚］斯拉沃热·齐泽克：《斜目而视：透过通俗文化看拉康》，季广茂译，浙江大学出版社，2011年，第9页。
② ［美］凯特·米利特：《性政治》，宋文伟译，江苏人民出版社，2000年，第34页。
③ ［美］罗莎琳德·考尔德：《女性的欲望：今日女性之性征》，转引自［英］玛丽·伊格尔顿《女权主义文学理论》，胡敏、陈彩霞、林树明译，湖南文艺出版社，1989年，第259页。

女主人公的主动受虐,如同虚晃一枪,在受虐的邀请中,吸引权力前来到访才是目的。正如李银河在《虐恋亚文化》中所论述的:

> 彻底的屈从是为了得到权力。从表面看,似乎再没有比这句话更自相矛盾的了,但它却是一些受虐者的逻辑。他通过自己的彻底的降服,得到对方的爱和关注,同时也就占有了对方,掌握了对方,控制了对方,使对方不能摆脱自己的束缚。表面上看是受虐者受到施虐者的束缚,实际上是施虐者受到受虐者的束缚;表面上看是受虐者受到施虐者的控制,实际上是施虐者受到受虐者的控制。因此,屈从者的真正动机乃是权力。①

从"我心里有人"到"我心里有你",虐恋的主动权看似掌握在进攻的男性一侧,是他强势插入的过程,是其力量的集中展现,但是隐藏着的决定权,却掌握在防守的女性一侧,是她决定打开的过程。虽然这扇门——她的日常生活秩序、精神生活准则——被男性不断攻击和破坏,但是她仍然在痛苦的抵抗中享受着徐徐打开带来的快感。这种"徐徐"如同一种展示和炫耀。

鲍德里亚在论述消费社会中的个体时表示:"人不是作为一个人而被再生产出来:人只是作为一个幸存者而被再生产出来(一个生产力的幸存者)。一个人的衣食住行,他的自我繁衍,都是因为这个体系需要人自身的再生产,以便能够使得体系再生产它自身:他需要人。"②在权力秩序中,女性所渴望的目标并不是男性,而是男性所象征的权力彼者。但是,这种渴望与追求必须诉诸某个对象,让这条意义链能够结成,于是,男性才作为女性欲望的中间物出现。

但在这条单向线上,以受虐的方式接近历史和权力,真的就能够在无限的迫近中获得真正的快感吗?在福柯对于权力的解读中,权力织成

---

① 李银河:《虐恋亚文化》,中国友谊出版公司,2002年,第204页。
② [法]让·鲍德里亚:《消费社会》,刘成富、全志钢译,南京大学出版社,2014年,第61页。

相互交错的关系网，每个人都被网于其中。"在权力的网络中运动，既可能成为被权力控制、支配的对象，又可能同时成为实施权力的角色；个人在这种网络中既是被权力控制的对象又是发出权力的角色。"[1] 被权力主义整体话语蒙蔽的人们，本身也是这种权力话语的合格载体或导体。权力话语不仅是自上而下的控制，在多数情况下还是自下而上的呼应乃至呼吁。就在匪我思存作品中的女性通过受虐来接近权力之时，权力也在通过这种施虐确认并增强自己的力量，拉开与臣服者的距离，欣赏她们慢慢爬上来时故作谄媚的笑颜。

跳出文本，匪我思存在微博里苦口婆心地劝导小姑娘们不要当真："话说回来，东子活着，佳期也不可能嫁他，更不可能嫁孟和平。齐大非偶，东子绝非良配。而孟和平与他牵涉甚深，佳期也嫁不了。做灰姑娘梦的姑娘们醒醒吧，跟王子谈恋爱倒也罢了，跟王子结婚，真是前途茫茫荆棘万里。真爱在门楣面前，哪敢说无敌。"[2]

承认自己喜爱财富与权力，这些数千年来男性挂在嘴边的话题，对女性来说没有那么可耻，这是"总裁文"的自白。但是，妄图以爱情为支点，以小博大地撬动它们，未免就单纯了，这则是"虐恋"的道理。

2. 欣赏女二号

当爱情名义下的女性自身欲望和诉求逐渐水落石出，女主角和女配角的关系也开始发生微妙的变化。传统言情小说中那种"爱情就是一切、拥有爱情的女主角天然正义"的观念，已经荡然无存，反而是女配角常常作为与男主角同等阶层的青梅竹马如金童玉女般出现，让女主角眼前一亮，艳羡不已甚至为之赞叹。

《佳期如梦》中惊鸿一瞥的盛芷，令女主角尤佳期念念不忘。"佳期第一次看到有人可以将衣服穿得这样漂亮，一身浓烈的黑，只围一条大花绚丽的披肩，那披肩缀数尺来长的流苏，摇动不知多少颜色，如泼如

---

[1] 陈炳辉：《福柯的权力观》，《厦门大学学报（哲学社会科学版）》2002年第4期。
[2] 引自匪我思存的微博，http://weibo.com/1225419417/z0vYe0BOK。由于隐私设置，目前词条内容暂不可见。

溅,仿佛烂醉流霞淌在肩头。围衬出一张灿然如星的脸孔,那种肆意的美丽,竟似托尔斯泰笔下的安娜·卡列尼娜,令人惊艳。"盛芷在佳期眼中,几乎成了女神般的存在。

更重要的是,盛芷的超凡让她根本无意于阮正东,倒是后者曾经短暂暗恋过她。于是一向不在意阮正东漫长情史的佳期,仿佛终于发现了"一山更比一山高",接连五次半开玩笑地提及盛芷,吃醋是假,艳羡是真。盛芷的出现,让佳期和读者都倏而发现,在阮正东所代表的权力与财富之上,隐约还有更吸引人的力量。

而《何以笙箫默》中的何以玫,既是女主角赵默笙的闺蜜,又单恋男主角何以琛多年。正是方方面面与男主角旗鼓相当的何以玫向赵默笙摊牌感情,才促使默笙退避异国。多年后赵默笙归来,感叹何以玫成了精干优秀的女强人,何以玫则坦率表示没追到以琛,准备与顶头上司结婚——坦坦荡荡、愿赌服输。于是,女一号和女二号上演了一场"任你出走半生,归来仍是闺蜜"的感人重逢。

从琼瑶文到"小言情",女一号和女二号之间的同性之间作为竞争对手而剑拔弩张的紧张关系逐渐淡化,也没有女一号就是天然正义、真爱无敌,女二号就要机关算尽、一无所获的固定套路。在这一新的感情模式中,呈现出了两种剥离。

其一,男主角形象能指与所指的剥离。男主角作为一枚符号,是否被爱、被谁所爱是偶然的,而他背后所代表的权力结构被同性和异性共同向往追逐,则是必然的。因此,女性角色之间,反而呈现出许多渺小个体共同面临一个庞大他者时的惺惺相惜。

其二,感情的得失和个体的优劣剥离。是否获得男主角的爱,与个人的能力、道德不再挂钩。在20世纪80年代的启蒙思潮中,"爱情"作为自由和解放的象征,不但是人们的信仰,而且是必需品、被道德化。对待反面人物,如果法律无法惩罚他,就让道德来审判他,让他没有爱情、失去家庭。在琼瑶小说中,女主角正义善良、女二号邪恶阴险更是成为一种程式。但是"小言情"伴随着对女性欲望的正视、对男性能指与所指的剥离,"获得爱情(及其背后的东西)"不再被当成必然,而是成为竞争中的幸运者，甚至幸存者才能拥有的。对爱情的"去道德化"，打开了感情的更多维度，为网络言情小说探索情感模式准备了空间。

3. 成为男主角

在"总裁文"中，女性看到了那种超越日常生活的权力，在"虐恋"中，女性感受到了力量悬殊下唯有以痛苦为砝码才能达到的平衡。而身边一同竞争的女性配角，则成为她们的镜子，更加清楚地照映出她们本质上的所思所求，以及她们也可以达到的其他模样。

正是在最广泛、最基础的总裁虐恋中，悄悄孕育着新的力量。早期网络大神级写手顾漫，于2007年在晋江连载的《杉杉来吃》，是一部非常简单短小的总裁文。在看似轻快的描写之下，是总裁封腾需要女主角薛杉杉的熊猫血。她和总裁之间地位相差巨大的恋情，就是靠她以自己身体的一部分来补足的，甚至她进入风腾集团工作，也是因为封家早就相中了她的血液，供养着她以便随时献祭。在吃货人设的欢乐幽默背后，是"吃以补血"的底层实用逻辑。

但是，整个网络文学经过不同类型此消彼长的探索，再次回归"总裁文"这个原初类型时，已经在螺旋之中有所上升。2014年，这一文本被改编为电视剧播出。在改编后的故事中，出现了两个关键性改动：首先，增添了女二号元丽抒，这位气质美女出身贫寒，却通过自身努力成为文艺书店老板，她对封腾的爱慕，让已经获得封腾之爱的杉杉感到受之有愧。其次，原著中两人因疑似怀孕而匆忙订婚，电视剧中则是杉杉堂姐柳柳的男友卷款潜逃，这笔款中还有向封腾借来的钱，封腾愿意两人结婚、债务一笔勾销，但是杉杉坚决延后婚期，和柳柳创业挣钱，创业成功、成为总裁、还清欠债，才同意结婚。

如果说"欣赏女二号"是铺开了另一条想象的路径，那么"成为男主角"，即女性拥有了自身的主体性，将男主角那些吸引人的特质变为自己的，而不是通过谈恋爱而产生想象中的一体性，则是这些道路指向的最终目标。那种"女人征服男人、男人征服世界"的论调，终于在与总裁大人的爱恨痴缠中，被擦去了中间的迂回——女人想要的就是征服世界。正是成为女总裁、成为男主角在总裁文的基础上使网络言情小说在几次类型演进后诞生出了职业文。

写霸道总裁、虐恋情深的匪我思存，在近年来的创作转向中，不断塑造出职场环境里与男主角并肩作战的女主角。《星光璀璨》中的大明星费峻玮和经纪人余文昕，再也不是王子垂青灰姑娘的套路，而是后者一次次为前者搭桥铺路，自己也逐渐成长为金牌经纪。《爱如繁星》里的创业公司 CEO 舒熠和全能助理祝繁星，其实也是一对事业合伙人，后者更是在金融圈套中力挽狂澜、囹圄救夫。《乐游原》中的皇孙李嶷和将军之女崔琳，更是在智力与武力的轮番过招中渐生情愫，双强携手保家卫国。伴随着对自身诉求和欲望的正视与满足，心理角力的"虐"被并肩同行的"甜"逐渐取代，网络言情小说在开拓情感模式的多种可能性之中，也在开拓着不同性别、不同阶层的人的可能性。

而在这个螺旋上升之中，从"总裁爱我"到"我当总裁"，走过了一段漫长的实验与试错过程。总裁文虐恋的"痛"与"快"，促使女性正视寄托在男主角身上的欲望，探索对权力的认知与触碰。在网络言情的空间中，女性开始找寻其他进入历史的可能。

第二章
"穿"回过去：
以穿越文、重生文为例

> ……禁止电视、电影、小说中出现包含另类可能或时间旅行的故事。对中国来说，这是一个好兆头。这意味着人民仍在梦想另外的可能……我们这里就不会想到禁止。因为占统治地位的系统已经压制了我们梦想的能力。①
>
> ——斯拉沃热·齐泽克

2011年10月9日，著名学者斯拉沃热·齐泽克出现在"占领华尔街"运动的现场，他在自由广场上发表演讲，为这场运动呐喊助威。在这篇演讲中，齐泽

---

① ［斯洛文尼亚］斯拉沃热·齐泽克:《齐泽克在"占领华尔街"运动中的演讲》，http://www.occupywallst.org/article/today-liberty-plaza-had-visit-slavoj-zizek/，发布日期2011年10月9日，查询日期2023年11月12日。

克令人意外地提到了正在中国流行的"穿越"故事。遥远东方的这一热潮，给彼岸的西方世界提供了新的想象。当西方政治经济制度日渐丧失活力的此刻，"中国模式"在西方人眼中作为一种"威权政府、不完全市场经济以及高水平技术官僚和科技能力的混合体"①，仿佛正在演绎秉持着《1984》的官僚与梦想着《步步惊心》的民众相互对峙的奇异故事，让被华尔街压榨了金钱与梦想的美国人民看到了新的希望。

同样是面对名为"想象"的时间机器，在西方当代大众文化中，层出不穷的是关于"未来"的描摹。科幻小说、电影分别作为文化工业中的一种类型，不断成熟壮大。人们用未来科技的铠甲利刃向宇宙空间与人类心灵进行更加深广的开拓，但是对于"未来"的描摹却也越来越像隐秘的科技宗教。从"我们都在程序之中"的《黑客帝国》到"科技最终异化人类"的《黑镜》，从"未来拯救过去"的《星际穿越》到"今日看透明天"的《降临》，"未来"成为"今天"的另一翻版，时间能够带来的超脱被指认为虚空，甚至由于便利科技的温水煮青蛙，越来越多的人正身陷控制却安之若素。在大众文化领域，赛博朋克式的"异托邦"以前所未有的高频出现，科技与资本的结合形成无法抵挡的强力，入侵到现代人生活的方方面面。人们不断焦虑地追问：人类发展到未来，到底是会迎来社会制度向着自由民主的改革，还是封建甚至纳粹的复辟？

而在中国当代大众文化中，勃然兴起的则是关于"过去"的叙述。穿越小说发展为网络文学的重要门类，对其进行影视改编亦成为热点。现代人由于机缘巧合回到古代，参与进历史的建构之中。他们的一切努力的初衷，不是为了将今日提前到昨日，而是试图从昨日就扭转历史的方向盘，创造新的今天。

在轰轰烈烈的"穿越"热潮里，《广电总局关于2011年3月全国拍摄制作电视剧备案公示的通知》表示："个别申报备案的神怪剧和穿越剧，随意编纂神话故事，情节怪异离奇，手法荒诞，甚至渲染封建迷信、宿命论和轮回转世，价值取向含混，缺乏积极的思想意义。对此，希望各

---

① Francis Fukuyama, "At the 'End of History' Still Stands Democracy," *The Wall Street Journal*, 6(June 2014).

制作机构端正创作思想，要弘扬中华民族优秀传统文化，努力提高电视剧的思想艺术质量。"① 这一通知在当时的语境下，被解读为官方禁止穿越题材。对于初登舞台的穿越题材，这种谨慎的决定当然重要，因为在"穿越"时间的假设中，暗含的是颠覆历史的可能性。

自古以来，历史经常是由胜利者书写的。但是"穿越"这个在中国网络文学中兴盛的题材，则是各种在现实生活中郁郁不得志的小人物，在经历各种倒霉的致命的突发情境中，突然穿越回到了过去的时空，带着洞察历史的天赋技能扭转乾坤、重写历史。这些现实的失意者、失败者居然要改变中国的历史，当然是在传统叙述的意料之外的。

不过，齐泽克对于中国的想象，多多少少带有了苍茫大海望灯塔的浪漫，中国的大众文化已经不是奥威尔笔下的《1984》，而是赫胥黎担心的《美丽新世界》。丰富多彩的小时代隔绝了人们尝试书写大历史的前进脚步，在令人眼花缭乱的表象下，作为基石的现代文明正在随着时间的流逝而被本质化。因此，怀揣现代科技与现代理念的人们重回古代，甚至不敢因这些现代文明而骄矜半分，因为他们穿梭在旧日时光中，首先体察的却仍旧是生存危机与权力结构，不由得"步步惊心"、谨言慎行。当小人物与大历史相遇，未经交手，就已俯首。名为穿越的离经叛道，往往最终成为一场为历史寻找合法性的招安之旅。看似探索"另一种可能"的穿越，其实最终成为在另一种时空里搬入今日的规矩。

于是，对现代文明的焦虑，以及对历史复刻的恐惧，成为无论中外共同面临的时代问题。在弗朗西斯·福山的"历史终结论"之后，世界上已经没有可供寄托的另类文明家园。对"另类选择"的尝试，也从现实政治革命转向网络空间实验。这些尝试源于困惑、焦虑甚至不满，付诸网络文学，则由"穿越文"这一形态的演变，一路分化出了不同的表达形式。这其中既有前期穿越言情小说带来的精神抚慰，也有中期男性向穿越和女性向穿越的相互影响、对现代文明与体制的重新思考，还有后期从穿越到重生的创作风潮转变中，人们尝试用文学穿透现实，用昔

---

① 国家广播电视总局办公厅：《广电总局关于 2011 年 3 月全国拍摄制作电视剧备案公示的通知》，国家广播电视总局官方网站，https://www.nrta.gov.cn/art/2011/3/31/art_38_1150.html，发布日期 2011 年 3 月 31 日，查询日期 2023 年 11 月 12 日。

日故事重新激发现代文明的活力。

本章将以被称为"清穿三座大山"的《梦回大清》《步步惊心》与《瑶华》为例，梳理女性向"穿越文"的发展脉络，探索在与新历史主义小说、男性向穿越小说这些纵向与横向的互动中，女性如何思考性别与历史的关系，最后揭示穿越类型如何承上启下地打开了网络文学的丰富形态，以及伴随着阶级与国族在现代性中再焕生机，女性如何再次开掘了自己的独特价值与位置。

一、虚假的"另类选择"

1. 清穿三座大山

作为中国网络文学中的一种类型，"穿越文"是指主人公因为某个特殊契机，进入了另一个时空，通常是进入中国古代历史，从而引发的一系列故事。因为进入古代中国的现代主角自带"先知"能力，可以预知历史走向、掌握先进科技，因而即使是现代社会的平凡之人穿越回去，依然可以抢得先机。这种利用时间差获得"金手指"的设定，自然容易引发普通读者的代入。而古今碰撞所带来的多种可能性，迅速使穿越小说成为一个广受欢迎的类型。

中国古代文化中存在着广泛的神仙崇拜和巫医不分现象，民间信奉因果报应、轮回转世，鬼神志怪在文学作品中也多有体现。"魂魄托身""误入幻境"等穿越小说的基本架构元素，在中国传统文学中已经长期存在。新文化运动中，这些观念被视为前现代的封建蒙昧产物，开始被唯物主义和无神论贬斥并压抑，相关的文学创作也长期停滞。一直到新时期之后，再启蒙的中国文化面对来势汹汹的西方文明，一度重新进入中国传统文明中寻求自身的独特资源，而非科学/西方化的鬼神传说、生命经验，则在文学创作和审美艺术层面被再次开掘。

在保留了较多传统观念的港台地区，这些元素一方面不断衍生出各种恐怖悬疑类型的小说影视，展现前现代、超自然的力量入侵现代日常生活的奇观；另一方面则在世纪之交以科技傍身的灵魂穿越，开启了现代力量进入前现代历史的想象。

　　1993年席绢的《交错时光的爱恋》和1994年黄易的《寻秦记》，分别以女性向和男性向的不同角度，勾勒了中国大众文化领域"穿越"元素的基本框架。前者《交错时光的爱恋》是台湾言情作家席绢的首部作品，也是目前可以确定的首部穿越言情小说。女主角杨意柳为救人而殒命于车祸，具有异能的母亲将意柳的灵魂送回历史之中，成为宋朝待嫁新娘苏幻儿。与丈夫石无忌经历了现代与传统的观念碰撞，以及苏石两家的钩心斗角和利益博弈，两人最终真心以对。作品一经出版便以新鲜有趣的穿越设定引起关注，席绢由此一炮而红。后者《寻秦记》的男主角项少龙是21世纪特种部队精锐战士，在时空实验中独自落入战国，为了生存下来，唯一的出路就是找到秦始皇嬴政并与之为伍。不料秦太子已死，项少龙只得将义子小盘伪装成嬴政，并协助他一统六国。但登上皇位的小盘却将项少龙视为祸患，项少龙最终避走塞外。黄易是香港20世纪90年代独树一帜的武侠作家，这部作品引入穿越、科幻的元素，亦开辟出了大众文化的新面貌。

　　值得注意的是，此后的穿越小说，无论是女性向的"意外—穿越—被动选择感情—古今碰撞—主动认同感情"，还是男性向的"意外—穿越—寻找强主—今为古用—成就霸业—君臣离心"，都在很大程度上沿袭了这两部早期作品的结构模式。

　　这种沿袭并非巧合，这两部作品在20世纪90年代面世后，《寻秦记》于2001年被香港TVB改编为台庆大剧，而参与将席绢作品引进大陆的江苏文艺出版社前编辑阡陌，在席绢作品的影响下创作出了穿越言情小说《爱你一千年》，并于2002年改编为电视剧《穿越时空的爱恋》[①]。

---

　　① 电视剧《穿越时空的爱恋》的原著是《爱你一千年》，作者阡陌是江苏文艺出版社的前任编辑，曾参与将席绢的作品引入大陆。阡陌对于穿越元素的使用，受到了席绢作品的影响，但在具体的故事情节上并未有明显的借鉴。改编后的电视剧名与席绢小说《交错时光的爱恋》书名非常近似，剧方似有借助席绢名气的意图。而席绢的《交错时光的爱恋》，则在2011年穿越剧荧屏大火之际，结合席绢其他作品被改编为电视剧《错点鸳鸯》。很多对穿越小说历史进行梳理的研究论文经常将这几部作品相互混淆，此处特别加以辨析。

这两部电视剧都成为当时广受青少年观众欢迎的作品，并因此多年在暑期反复播放。正是在这种书籍与影视的双重影响下，2004年开始，晋江文学城的网络文学创作中，穿越类型小说集中涌现，并诞生了"清穿三座大山"。

在零星的早期网络文学穿越作品之后，2004年开始，金子的《梦回大清》、桐华的《步步惊心》、晚晴风景的《瑶华》先后开始在晋江文学城连载。这三部作品不约而同地采用了"穿越"元素，并且集中穿越到了清朝康熙年间，参与"九龙夺嫡"的历史事件。它们伴随着穿越潮流的涌动而出现，以完成度较高、可读性较强成为早期网络文学中的出色之作，代表了这一类型的水准，又因发表时间非常接近而经常被并列提起，被读者称为"清穿三座大山"。

"穿越"类型的确立，可以说是网络文学的一个标志性事件。在此之前，网络文学中的诸种类型大多都是延续以往的文学类型，例如，科幻、推理等商业出版已成体系的类型文学，但这些已经存在出版渠道的类型在网络文学中始终发育不良。而在奇幻、言情这样商业出版不发达或市场供需不均的薄弱环节，网络文学才可能寻求突破。穿越小说则是网络文学首次开拓出的一个全新的文学类型——尽管席绢与黄易的两部奠基之作早已有之，却是在言情、武侠的基础上引入穿越元素。网络文学的穿越风潮，是以大量作家作品短时期内集中涌现、基本模式反复出现而形成了人所共知的设定，不容忽视地确认了自身作为类型的存在，也展现出网络空间给文学形态带来的全新的灵感资源、创作尺度与生产模式。

2011年1月，由于正编剧制作，杨幂、冯绍峰主演的电视剧《宫锁心玉》（又名《宫》）在湖南卫视播出。这部电视剧虽为原创剧本，但其实是在于正创作团队获悉《步步惊心》已被买下影视版权并投入拍摄后，紧跟热点、抢先创作完成的一部穿越题材电视剧。无论是穿越元素，还是穿越到清朝康熙年间，甚至连女主角的名字晴川（谐音"清穿"），都可以看到受到《步步惊心》及其他穿越小说的深刻影响。电视剧一经播出，立刻引发强烈反响，CSM35收视率平均每集2.52，甚至一度破3。同年9月播出的电视剧版《步步惊心》，则将这一穿越热潮再次推向高峰，在大众文化领域形成了广泛影响。影视领域的穿越热潮，也令网络文学这一媒介革命中的新的文化资源更加为人熟知，可以说，网络文学和穿越类型在广度上的联系是十分密切的。

网络文学发展的深度，也与穿越类型密不可分。"清穿三座大山"在穿越类型早期就已经得到公认，虽然在"三座大山"崛起之后和穿越剧热映两个时期，都有大量穿越小说蜂拥出现，但是这些跟风之作大都难以在"三座大山"的基础上更进一步。因此，在穿越类型的基础上另辟蹊径，更换部分设定及模式，衍生出新的子类型，既是后续众多作品成功的诀窍，也是网络文学整体从穿越小说这一个类型的兴盛转向多种类型相继诞生并繁荣的关键。

2. "另类选择"的失败

20世纪80年代的再启蒙中，人们依旧相信科学理性和理想信念能够战胜蒙昧野蛮与极权专制。然而进入21世纪后，世界却在某种程度上集体陷入了"启蒙主义的绝境"。齐泽克在《意识形态的崇高客体》中揭示，今日的意识形态，尤其是极权主义的意识形态，已经不再需要任何谎言和借口，因为"保证规则畅通无阻的不是它的真理价值，而是简单的超意识形态的暴力和对好处的承诺"[1]。而极权之所以毫无掩饰，人们又之所以毫无反抗，关键就在于"另类选择的丧失"，没有了可以替代的选项，任何试图改变的努力最后都不免沦为和"制造没有咖啡因的咖啡、没有酒精的啤酒、没有脂肪的冰淇淋一样"[2]的换汤不换药、治标不治本的形式主义改良。

"启蒙主义的绝境"带来的与其说是历史走到自由民主之后的终结，不如说是历史在将自己命名为自由民主之后的停滞。作为中国青年一代的80后、90后，正是成长在启蒙主义坍塌烟尘中的一代。他们在整个成

---

[1] ［斯洛文尼亚］斯拉沃热·齐泽克:《意识形态的崇高客体》，季广茂译，中央编译出版社，2002年，第42页。

[2] ［斯洛文尼亚］斯拉沃热·齐泽克:《齐泽克在"占领华尔街"运动中的演讲》，http://www.occupywallst.org/article/today-liberty-plaza-had-visit-slavoj-zizek/，发布日期2011年10月9日，查询日期2023年11月12日。

长时代接受的教育话语仍旧是理想主义模式的,尽管彼时他们的师长已经在传授中感受到了犹豫和困惑。但是成年之后,他们却渐渐发现,物质生活完全充裕的背后是精神世界的严重匮乏,启蒙主义话语体系已经尘埃散尽,新的话语模式却迟迟未能形成统一。因此,他们始终缺乏自己的时代精神和自我表达。众声喧嚣仿佛不是为破为立,而是自娱自乐。

同时,他们必须面对的残酷事实是:他们这一代人,并不会比他们的父辈更出色了。作为父辈的50后和60后,青壮年时代正与中国改革开放和社会转轨紧密相连,无论是个人价值的充分实现还是阶层的跃升,都是并不鲜见的事例。而到了他们子一代的80后和90后,社会转轨逐渐完成,阶层日益走向板结,他们有高等教育、健全的福利,固然距离金字塔底层相去甚远,但仰望顶层同样遥不可及。按部就班的考学、就业、升职、恋爱、结婚、生子,人生的轨迹几乎已被划定。宏图大志在严密的社会科层体系中逐渐碎裂,人生理想成为"三十岁年薪XX,五十岁财务自由",生活陷入无法逃脱的平庸。

社会整体正在成为一个有条不紊运转的巨大机器,而每个个体都成为其上的螺丝钉,集体的强大繁荣和个体的平庸无聊构成了一个无法解决的悖论。因而穿越的想象,成为这个语境中一种自我寻访的努力:将现代社会的经验、技术和观念与前现代中国悠久恢宏的庞大历史相拼贴,试图探寻另一个时空中突破社会板结与实现个人价值的可能。

金子于2004—2007年创作的《梦回大清》,是"清穿三座大山"中最早开始、最晚完结的作品。在康熙年间"九龙夺嫡"的皇位之争中,女主人公小薇自一开始就知道历史的结局,也清楚四爷胤禛会在惨烈的夺嫡之战中胜出必有心狠手辣之处。于是,她奉行性命大事上"牢牢巴结胤禛,最好混吃混喝",感情小事上选择十三爷胤祥,希望平顺度日。小薇的世故在于,她自知无法与历史的走向抗衡,因而采取"打不过就跑"的回避政策,但小薇的天真在于,她不知在强权如旋涡一般的力量面前,并不存在独善其身的可能,最终还是会被卷入其中。因而当四爷胤禛对她也青眼有加时,敏锐的康熙皇帝为了避免兄弟阋墙,留下遗诏将她赐死。

穿越清朝如同大梦一场，在穿越之中被赐死的小薇，重新回到了她无比庸常的现代生活之中。她因为现代生活的失意而穿越，在经历被强权碾压、被历史抛弃之后，重新回到现代。小薇的"梦醒"是双重的，既是从历史中"与强权和平共存"中醒来，又是从现实中"以做梦超越平庸"中醒来。经历过被赐死的绝境，小薇终于安然接受现实的庸常。

2006年晚晴风景所著的《瑶华》，则是以一腔孤勇让女主角瑶华义无反顾地爱上了八爷胤禩这个历史的失败者。瑶华熟知历史走向，清楚关键事件，因而在引发八爷失宠的毙鹰事件前夕，谨言慎行、处处小心，试图扭转局势，纵然不能达到最好的结果——立储，至少能够避免最差的结局——被废。但是却不料康熙根本无意追究毙鹰事件的真相，而是借题发挥将八爷重责停俸、一撸到底，彻底将其淘汰出了储君选项。"是谁陷害胤禩已经不重要了，因为置胤禩于不可复生之绝地的是康熙。"[①] 历史的车轮不是靠真相掌舵，而是靠君主的意志和强权决定方向。

尽管在成王败寇的历史之中，八爷胤禩已经再无希望，但是作者依旧让登基后的四爷手下留情，八爷和瑶华得以用假死获得自由，离开京城，周游世界——这个非常具有现代色彩的虚幻理想，背后其实是主动的自我放逐。

如果说《梦回大清》是主人公试图在历史旋涡中保持孱弱的中立，《瑶华》是主人公将历史的方向寄希望于理性与真实，她们在"穿越"中都不自觉地带着久处现代社会、依赖秩序与逻辑的天真，都还依稀带有启蒙理想的残梦，最终都在笔尖的社会实验中惨遭打脸，那么《步步惊心》则是主人公穿上了在现代社会残酷竞争中锻造的铠甲，认清了"启蒙的绝境"，带领读者完成了一场从八爷到四爷的权力认同。

作为"清穿三座大山"中最为知名的作品，《步步惊心》的女主角若曦在穿越回清朝的最初时刻，爱上的是为她安排好衣食住行、为人又温润如玉的"八贤王"。但当她在宫中站稳脚跟，旋即意识到纵使八爷再贤，自己也没有改变历史、助他称王的能力。在四爷对她的青睐下，若

---

① 晚晴风景：《瑶华》，晋江文学城，http://www.jjwxc.net/onebook.php?novelid=40077。

曦对生存的渴望和对强者的畏慕造就了她新的"爱情",完成了从八爷到四爷的情感转移。作者和读者一同以"爱情"为名,给择强而从的行事准则确立了合法性。

爱情不再是从一而终,而是择良而栖。这在现实生活中无可厚非,但是在言情小说这一反映受众内心情感与欲望的"白日梦"里,却显得格外触目惊心。即便是在梦中,她们都觉得历史不可改变、强权难以反抗。因而她们的"变心",不仅是对爱情,更是建构公平正义与追求真爱真理的信念。"清穿三座大山"以创造另类选择的尝试开始,却以中立、反抗与归顺三种不同的方式,宣告另类选择的彻底失败而告终。这些穿越言情小说的爽点,不是改变历史、追求真爱,而是认同历史、顺势而为。小说在爱情故事的包装下,终于为小人物向大历史的俯首书写了一个可以被接受的理由。

3. 盛世零余人

"清穿三座大山"所代表的穿越类型言情小说,不同于《交错时光的爱恋》和《寻秦记》等将"穿越"作为元素的早期作品,或者电视剧《宫》等非网络文学环境下创作出来的作品。后者的穿越主人公,常常会想尽办法与自己曾处的"现代"产生联系:要么是试图重返现代,回到那个自己原本所在的时空;要么是利用时空通道向身处现代的亲人传递消息,或者为后人留下印记;要么是至少要弄清楚穿越而来的原因,寻找有无一起穿越过来的同伴。而穿越言情小说主人公的一个显著特征,是几乎很少对上述问题有兴趣,她们冷静而短暂地整理情况之后,立刻就会投入对新身份和新环境的探索。

她们为何对现实毫无牵绊?在蜂拥而出的穿越小说中,穿越原因和穿越方式并没有成为人们感兴趣进行探讨的领域,反而是在一次次反复写就的小说中成为首先被不言自明地本质化的穿越元素。主人公或是无奈——"时间机器显身手,一越荡回哪年朝",或是平静——"真相就是——她穿越了",甚至兴奋——"不会又穿越了吧,果然!"她们没有丝毫对现代社会的留恋和不舍,甚至还暗藏着对"现代"如释重负的解脱和对"历史"跃跃欲试的好奇。无情穿越的背后,是她们在现代社会中感受到的强烈匮乏。《步步惊心》的主人公马尔泰·若曦,穿越前名叫张小文,略显随意的名字勾勒出她不名一文的大都市小白领身份:白天在熙熙攘攘的城市中心写字楼上班,为这个时代的繁荣锦上添花;晚上则回到郊区的独居出租屋中,灯泡坏掉也无人帮忙换。她身在这个时代,却是这里的一个可以移动和替代的模块,没有人关注她的情怀、抱负,也没有什么能够成为她血缘或情感上的羁绊。这是一个现代盛世,是一个"大时代",然而她却是一个零余之人,是一个"小人物"。

19 世纪普希金《叶甫盖尼·奥涅金》中的"多余之人"奥涅金,还是贵族知识分子的形象,是旧时代留下的物质与精神的双重遗产,无法在新时代顺利承兑。而到了郁达夫笔下的零余者,则已经失去了祖传的家业,有限的知识可以让他感知现有生活的空虚、苦闷和缺乏意义,却无力让他产生开拓新生活的力量。无论是贵族阶级走向没落的残影,还是平民阶级走向觉醒前的黑暗,他们都是社会变革时期新旧交错之间摩擦出的粉末。而这些希望穿回过去的现代人,则是盛世烟花中的尘埃。这个时代的繁盛看似是靠每个个体构成的,但每个个体却无法感知到自己和时代的牵绊,无法感知到不可替代的个人价值。她们感受到的,是自己成就了时代,而时代却没有成就自己。

个体与时代的间离面前,是人们试图融入这个时代的努力。郭敬明的《小时代》系列中,女孩们买最新款的手袋,穿最流行的衣衫,做最时尚的工作,拼命地跟上最前沿的脚步——她们试图加入的是未来。因为城市的高速运转和消费主义的盛行,带来的是"昨天的过期"。詹姆逊将这种现象描述为:"在这种状态下,我们整个当代社会体系逐渐开始丧失保存它过去的能力,开始生活在一个永恒的现在和永恒的变化之中,而抹去了以往社会曾经以这种或那种方式保留的信息的种种传统。"[①] 所有的商品都成为快速消费品,消费联结的是自感渺小的人们与"潮流"这一时代化身的关系,是人们的"我正在其中"的想象。

[①] [美]弗雷德里克·詹姆逊:《文化转向》,胡亚敏等译,中国社会科学出版社,2000年,第19页。

而以《步步惊心》为代表的穿越小说，构想的则是进入过去。既然现在的一切都是由过去构成的，那么就溯流而上，加入过去也就是成为现在。张小文在现代所匮乏的东西，也正是若曦在历史中要寻求的东西：生活的安稳、情爱的满足、历史的留名。在书中，她的这些尝试尽数失败，但是在面向大众的电视剧里，仍旧给了一个温柔的抚慰：重回现实的张小文扑到博物馆的宫廷画中细细分辨，终于找到了宴饮画作中侧立一旁的小小若曦。"穿越"回到的是双重的过去：既是历史的过去，前朝往事，也是个人的过去，青春年少；年轻的"我"在过去的时代中得以留名到未来，长大的"我"便可不再因现代的籍籍无名而失落。

　　穿越言情小说主人公的另一个显著特征，则是尽管物质充裕，却仍旧有强烈的不安全感。这种都市中产阶层的典型心态，被她们在穿越中带回历史，因而纵使穿越到王公贵族之家，成为王妃贵妇，这种时刻心怀生存危机、担忧阶层下落的状态，依旧挥之不去。

　　张小文穿越为西北总督马尔泰将军的嫡出次女，娘家自是衣食无忧，姐姐是八爷的侧福晋，她自己住在王府之中，也算是地位尊贵。正如贴身丫鬟所言，被穿越前的若曦，"不停地说，不停地动"，是个爬高蹿低的"野马驹子"，是天真烂漫的贵族少女；但当张小文穿越成为若曦，现代人的精神进入古代人的身体，她却立刻喜静不喜动了。

　　这个动静之间的改变，不由得让人联想起另一个进入宫廷的少女"小燕子"。琼瑶模式的《还珠格格》中，小燕子作为从民间进入宫廷、从秩序外进入秩序内的"异数"，是个空间维度的横向穿越者。无论嬷嬷如何以规矩和礼法训练管束，小燕子都无法完全符合要求。她的逾矩，并非简单的不习惯、不舒服，而是从内心深处无法认同花盆底、轻慢行、笑不露齿的审美观，也不认同三纲五常、三从四德的婚恋观。她的是非观，或者说现代观，从未被皇家的荣华富贵所诱惑，也未因皇帝的生杀予夺而动摇。更关键的是，在她的影响下，封闭的皇宫被逐步打破，王室公孙得以看到平民百姓的生活，观念和做派随之变得平等、自由、独立，更加现代。这是一群年轻男女的生命逐渐被点燃的过程，是爱情所代表的个人价值超越了皇位所代表的财富和权力的过程。

但是，若曦的穿越，却是让原本活泼的"野马驹子"成为娴静的大家闺秀，变得比古代人更古代人。现代元素经过时空的穿越，留下来的不是任何现代性观念和技术，而是知晓历史走势之后首先浮现出的"保命"的想法——生存焦虑成为主人公潜意识中最重要的存在。于是，如同一个穷困多年的人忽然暴富一样，她的心态仍旧是穷人心态，怕死、怕输。

不怕输的有两种人，一种是一无所有的人，原本就是退无可退；另一种是资本丰裕之人，有输得起、再开始的底气。小燕子的不怕死属于前者，"无产者在这个革命中失去的只是锁链。他们获得的将是整个世界"。但时代前进了十余年，却始终没有进入后者，大多数人仍旧停留在这两者之间，成为体量庞大、来源庞杂的中产阶层。他们刚刚有了点什么，或是体面的工作，或是稳定的住所，尽管工资不高、房屋按揭，却让中产尝到了甜头，因而他们格外害怕失去。

张小文即是此类，她的生存准则中，对未来不确定性的担忧，远远超过了对此刻幸福的享受。当她逐渐熟悉了自己穿越的环境之后，丫鬟说她变了，因为她不再劝姐姐和八爷和睦相处了——"你摔了之前，常劝主子少念经，衣服穿得鲜亮点，我们还庆幸着终于有个人劝劝了，可现在你也不提了。"① 而若曦心中的理由是：八阿哥将来下场凄凉，现在越亲近，将来越受伤。以后八爷全府获罪，即便作为侧福晋，也是无论亲疏都会被牵连，根本没有脱身的可能。本来劝姐姐眼光放开，享受几年夫唱妇随的顺心日子，才是对当事人最妥当的法子，然而若曦出于自保，仍然希望自家姐姐和他淡一点，而罔顾姐姐的现世幸福。

对"现实"无羁绊而对"历史"有畏惧，让当代中国人的穿越想象最终成了不是追求另类可能，而是逃避最差结局的无奈。在人们的历史想象之中，责任和使命成为已经过去的大时代才能承担得起的东西，而生存问题和自我价值则是属于现在的小时代需要考虑的问题。在面对"穿越"的可能时，现代的焦虑率先穿过了时光机器，将过去的故事也蒙

---

① 桐华：《步步惊心》，晋江文学城，http://www.jjwxc.net/onebook.php?novelid=38029。

上了今日的阴影。

"清穿三座大山"既是此类作品的高峰，又是人生希望的低谷，它们昭示着"另类选择"即便是在最无所不能的白日梦中也宣告了失败。但也正是在这个谷底之中，穿越类型开始重新审视和评判"现代"的价值：我们想象历史的方式究竟产生了哪些变化？能够带回过去的，就只有挥之不去的焦虑和习惯成自然的驯顺吗？

相较于总裁文，穿越文中的帝王，同样是虐恋情感中的施虐一方，但是作为受虐的女性，终于可以借由"帝王"表达自己浮出历史地表的渴望。她们的痛苦来自"我知道所有人的结局，却唯独不知道自己的结局"[①]，于是只能小心翼翼地迂回周旋。然而也就在穿越小说的类型演进过程中，"知道结局"的追求逐渐被搁置，在历史的缝隙中"改变结局""创造结局"的冲动，则伴随着对现代性的重审，逐渐产生了力量。

二、如何来"重写历史"

1. 两代的对话：新历史主义小说与穿越小说

文学创作和大众传播常常遵循着这样一个规律：当时代缺乏主流意识形态和整体性叙事时，要通过文学创作和大众传播来建构英雄，而当主流意识形态和整体性叙事已经完成，甚至开始走向衰朽时，创作和传播的冲动就会不可抑止地将目光投向小人物，从而走向解构。

从革命历史小说到新历史主义小说，就是一场从建构到解构的过程，但是从新历史主义小说到穿越小说，则是从尽力拆解到无力建构的过程。与20世纪90年代"新保守主义"思潮下形成的"新历史观"直接影响男性向穿越小说不同，新历史主义小说对女性向穿越小说，亦即穿越言情小说的影响相对曲折。莫言的《红高粱》、余华的《活着》、苏童的《妻妾成群》、陈忠实的《白鹿原》等一批作品先后以改编影视的形式进入大众文化传播，用"欲望"撬开了原本铁板一块的历史书写。

---

① 桐华：《步步惊心》，晋江文学城，http://www.jjwxc.net/onebook.php?novelid=38029。

在新历史主义小说中,"一切历史都是阶级斗争的历史"被重写为"一切历史都是欲望的历史"。前者如同一个不及物的纲领,界限明晰却空洞失真,被标记为推动历史发展的英雄成为千篇一律无欲无求的圣徒。相比之下,后者则庞杂得多,其中夹杂着求生欲、情爱欲、权力欲,以及维系古老传统的家族意识和追求自由解放的弑父革命,展示出了源自田野的原始野性。

欲望的丰富的表现形式,与个体经验和偶然事件紧密相连。海登·怀特指出,新历史主义"尤其表现出对历史记载中的零散插曲、逸闻趣事、偶然事件、异乎寻常的外来事物、卑微甚至简直是不可思议的情形等许多方面的特别兴趣"[①]。这种将个体欲望作为历史动因的叙述模式,一方面撕碎了作为整体的正史,消解了历史的崇高感,将革命中潜藏的荒诞平庸和前进中裹挟的历史沉渣展示出来,宏大话语所要倡导和达成的效果,在底层中国恰是通过它所反对的方式,甚至革命的对象实现的;另一方面,大众文化的观察视野开始下移,大历史对小人物造成的影响,经过层层衰减和变形最终抵达,小人物和大历史间始终隔着一层面纱,撕开这层意识形态话语的面纱,前者才是充满生命力和多样性的个体中国和局部中国。新历史主义的代表作家苏童在阐释自己的创作时亦指出:"(过去和历史)对于我是一堆纸质的碎片,因为碎了,我可以按我的方式拾起它,缝补缀合,重建我的世界,我可以关照现实,也可以不关照,我可以以历史还原现实,也可以不还原,因为我给自己留下了时间和空间的距离,我的写作也便获得了一个宽广的世界,而我的写作乐趣常常也在于此。"[②]就新历史小说的生命力而言,主流意识形态和整体历史叙事的破碎为其提供了土壤,但这种欲望的丰富性才是土壤中的那粒种子。

穿越小说,特别是女性向穿越小说,同样源自个体的欲望冲动:在现实世界中无法完成的个人价值实现,需要回到过去找到出口。但是已经在现实空间被百般阉割的个体欲望,其实已经降低到了生存的底线,即便是连言情小说所要表现的旖旎情爱,也都会在不自觉中让位给保命

[①] 陆贵山主编:《中国当代文艺思潮》,中国人民大学出版社,2002年,第323页。
[②] 苏童:《寻找灯绳》,载于《苏童散文》,浙江文艺出版社,2000年,第223页。

大计。"欲望"成为前所未有的空洞苍白之物，因而试图重写历史的穿越，最终归为"无论身处何方，问题总是类似"的庸常，甚至在某种程度上，强化了现实的板结。

新历史主义小说中，是男人为了得到女人揭竿而起，赢得江山；穿越言情小说中，则是女人为了生存，只能选择已有江山的男人。前者是变革时代中可以做大蛋糕的增量模式，后者则是稳定时代下你死我活的存量竞争。言情小说不再谈情，甚至主动将情视为可以献祭的筹码。当若曦决定转变方向，把注意力从八爷转向四爷时，她心中并无爱意，但是却托人打探四爷的喜好，问的是喜欢的水果、天气，讨厌的颜色、熏香。若曦自知是在按照"现代偶像个人档案"发问，已将四爷放在"偶像"的位置上——单向、崇拜、沉迷。而四爷对这种形式主义的示好欣然笑纳、甘之如饴。当言情小说中爱情的建立是凭借"现代偶像个人档案"开始时，情欲已经贫瘠到了何种境地。

欲望的贫瘠，引发的是想象力与生命力的匮乏，是统一意识形态空缺的当下，穿越言情小说仍旧无力建构一种整体想象。穿越主人公们的全部精力，都放在惊弓之鸟般的自保上，尽管这种自保让历史中的旁观者感到奇怪，认为一诞生就在王公贵族之家而衣食无忧的她们根本无须如此多虑。缺乏整体想象的另一结果，就是即便将欲望阉割、让要求降低到生存线上，却仍然不免时时遭受侵害，而且这种侵害因为没有宏大话语的"牺牲"作为升华，更加放大了其中的悲情和无奈。《步步惊心》中的若曦，最终跟对了四爷，在惨烈的夺嫡之争中幸存，但是贴身婢女玉檀却被四爷放在蒸笼上当众活活蒸死。《瑶华》中登基的雍正放走了瑶华和八爷，但是临走之际也要强行留下瑶华的手串，这个手串既是康熙所赠，是瑶华与历史的联系，又来自另一穿越者，是瑶华与现实的联系。在风云变化的历史之中求生可以，但是只为了求生，就无暇再去庇佑朋友，也不被允许拥有任何寄托。

生存空间的挤压和个体欲望的阉割，因此成了一个无解的恶性循环。穿越言情与其说是重写历史，不如说是在宏观碎片化后再次微观板结的历史中，艰难地挤进去。欲望产生的动力甚至不足实现自我、庇佑亲友，更遑论空洞的"苍生"与"使命"。由此，穿越言情小说对历史的"重写"沦为"复述"。

2. 两性的对话：穿越历史小说与穿越言情小说

穿越类型，一方面让人们清晰地看到在面对历史命题时，不同代际的观念转变，另一方面也在性别问题上，呈现出了男性向和女性向创作不同的倾向。穿越类型在网络文学发展中占据举足轻重地位的另一原因，在于它还承担了在两性之间展开对话的职能。这一类型在男性向和女性向中均有充分的发展，而非只存在于某个单一性别受众之中。同时，穿越类型又在两性之中发展出了不同的特点，女性向穿越文在后期的发展中，部分吸收了男性向穿越文的视角和想象，从而演化出了更为丰富的类型元素。

在女性向穿越文风起云涌之际，男性向穿越文亦陆续出现。在穿越这一类型上，迅速分化出了基于受众性别而产生的不同。这一不同，表面上看是女性向穿越文以跨越时空寻找爱情作为主线，男性向穿越文以力挽狂澜改变历史为爽点，内里上却是两种性别在当下的现实环境中，对个体、历史和现代的不同想象。作为男性向的穿越历史小说，没有女性借助爱情完成自我实现的曲折迂回，也因男性身份而减轻了生存焦虑，展现出了男性进入历史的想象途径。在穿越历史小说与穿越言情小说并肩发展的进程中，它们相互影响、相互启发，女性向穿越文获得了重新审视自我的机会。

如何想象重返历史的时代坐标，成为男性与女性进入历史的首个不同之处。穿越言情小说的选择大量集中于清朝，作为代表的"清穿三座大山"皆是如此。作为距今最近的一个封建王朝，在革命历史叙事中，清朝首当其冲地扮演着溃败的"他者"形象，而20世纪90年代大众文化领域的"清宫热"，则在港台书写的影响下，勾勒出了一个华丽奢靡、充满宫闱秘闻的异度空间。一遍遍重述清史的结果就是，人们对于清朝一方面是熟悉的、可以快速进入的，另一方面又是矛盾的、不断进行多重解读的。二月河创作的《康熙大帝》《雍正皇帝》《乾隆皇帝》三部长篇小说，正是这些解读中的一种。二月河将这三部呕心沥血之作称为"落霞三部曲"，因为自己"怀着非常伤感和遗憾的心情写这三部书。书中一方面固然展示了封建社会最后这个盛世很绚丽、很灿烂的一面；另一方面也显示出太阳快要落山了，黑暗就要到来了"①。穿越言情小说的语境，就是这种"落日余晖"的底色。"我知道所有人的结局，却唯独不知道自己的结局"之所以令人焦虑，是因为无论是诸位阿哥，还是大清王朝，最终都要走向灭亡，革命历史叙述的他者塑造中，已经将这一路径指认为必然。穿越者所要对抗的不仅是历史，而且是叙述历史的力量。但与此同时，在这无边落木之中，尚存最后一缕晚霞，可以将一个微小个体包裹，不操心家国大业，平安度过此生。

因此，穿越言情小说难以开拓更大的格局，究其原因，是它追求的归根结底是"善终"。它默认主人公终将死去，没有什么能够超越生死，因而在精神上归于虚无，在行动中变得犬儒。"挤入"历史的定位，让穿越言情小说的女主人公们，始终伴随着异质感：她们进入异时空，面对异族统治，取悦异性君王。正如克罗齐的那个名句——"一切历史都是当代史"，她们在现实中感受到的"零余"，成为穿越之后的"异质"。身为中产的她们只有为数不多的个人资源，这让她们无论在何时何地都带着挥之不去的生存焦虑。她们的个人价值始终悬浮于空中，没有能够在任何时空找到落地生根的机会。

穿越历史小说则选择回到宋明，其次是汉唐时期。相比于清朝的"落日余晖"，这些朝代不但完全属于汉族统治，是封建历史中的繁荣时代，而且是中国历史中有条件进行改革和探索的转折期。和女性在现代社会的飞速发展中感受到的间离与采取的回缩不同，男性则选择在"大国崛起"的时代氛围进入主流叙述，想象个体随着民族国家一同从"屈辱的中国"进入"崛起的中国"，并且在深度参与中进入历史、书写历史。正如邵燕君所论述的那样，"那些回到汉唐宋明的'历史穿越'小说，是在一个'梦想崛起'又'去政治化'的时代，满足公民公开讨论

---

① 二月河：《二月河语》，昆仑出版社，2004年，第7页。

各种制度变革可能的政治参与性的匮乏"①。

穿越历史小说不是让主人公"挤入"历史,而是空降其中,以"替代"和"缝合"完成自我定位。《新宋》中穿越回宋朝的石越,一方面,在短短一年间,通过借助后人的诗词作品和思想成果,在文坛学界站稳脚跟。同时,向前学习古人拒绝皇帝征召而赢得清名,向后援引西方的科学技术进入工业生产,从人生规划上很大程度复制了王安石入仕之前的进退策略,从而结构性地替代了王安石。另一方面,在北宋最为重要的政治改革与新旧党争中,石越又竭力维持与新旧两党之间的关系,改良新法可能出现的种种弊端,试图建立超越一时党争的宏观视角,从而缝合历史的多个选项。

由此可见,男性与女性进入历史的第二个不同,即是如何想象个人价值的实现方式。从本质上说,男性的这种替代与缝合式的重写历史,是20世纪90年代以来"新保守主义"下"新历史观"的一种变形:

> 新保守主义主张在尊重现存秩序的连续性的基础上,充分运用现存体制内的制度资源与传统文化资源,作为推进变革的杠杆,通过渐进的方式,逐步实现中国社会经济的蜕变与现代化转型。在"新保守主义"的主导下,建立在"个别翻案"基础上的局部突破逐渐演化为一套以"激进"与"保守"为价值尺度的"新历史观"。其衡量方法是,对于一切体制外的变革、革命,都以"激进主义"的名义予以否定,而对所有"体制内"的变革,都视为"稳健"而予以肯定。②

在这种预设了一种改良基底("还有救")和一种完美模型("还有药")的重写思路背后,其实不是对强权的反思、改革和超越,而是以"历史规律"之名为强者逻辑寻找合法性根基、装裱更加体面的表现形

---

① 邵燕君:《面对网络文学:学院派的态度和方法》,《南方文坛》2011年第6期。
② 邵燕君:《"新保守主义"的集体无意识——解读〈走向共和〉》,《文艺理论与批评》2004年第3期。

式。和女性说服自己"爱上施暴者"的拧巴不同,男性的表现形式则是"成为施暴者"。尽管这种"施暴"被美化为现代道德准线基础上的权谋,但是背后潜藏的其实是对更大尺度的厚黑学、潜规则、官场逻辑的认同。在这一点上,无论是穿越历史小说还是穿越言情小说,都没有能够提供"另类选择",而是以不同的姿态,对现有秩序下的人们进行着抚慰。

如何体认"现代",成为男性与女性进入历史的第三点不同。石越从现代社会边缘人——历史系研究生进入宋朝,文科知识价值暴涨,摇身一变成为贤臣名士。可见,男性在现代社会感受到的零余,还是一种结构性的相对零余。而若曦从现代社会的小白领变成古代宫中的小女官,现代的技能因性别身份依旧没有用武之地。这种女性的零余,则呈现为绝对零余。

有名之人继续有名,无名之人继续无名,这成为男女两性面对穿越时不同感受的分叉点。穿越历史小说可以通过替换,让主人公成为将会名留青史的人物,并且通过缝合,将其塑造得更加完美。穿越言情小说则是从原本就令女性隐身的历史中打捞出一个面目模糊的位置,几乎从零开始创造一个人物。当女性穿越者囿于后宫的狭小空间,无法发挥现代的种种优势,只能怀抱残留的生存焦虑复刻时代的碾压时,男性穿越者则可以对现代的技术、思想、制度旁征博引,在历史中游刃有余。

因而,"现代"的价值固然重要,但是更加关键的,是如何在历史中创造出一个位置,或者说创造出一个有此位置的历史,能够安放女性的身份,发挥她们的价值。

三、后穿越时代

1. 以穿越作为策略

历史在时间维度上的既成事实,正是当代社会在空间维度上日益板结的投射。弗朗西斯·福山在冷战结束之际就已提出"历史的终结",认为强大即正义、存在即合理,现行的"自由民主"是一种最不坏的制度,而所有探寻"更好"的努力都会被视为徒劳无功。这种文化氛围投射进大众文化领域，即是女性向与男性向穿越小说自不同路径走入"强者认同"。然而在这个古今同构的权力高墙内，人们逐渐开始借助网络文学这一虚拟空间，以"穿越"为策略，进行社会思想实验。

既然没有办法离开，那就在皇宫中杀出一条血路，成为六宫之主，获得历史之名。与其将命运交给历史和男人，不如掌握在自己手上，这就产生了以《甄嬛传》《如懿传》为代表的"宫斗文"。后宫的战场和前朝的斗争一样充满腥风血雨，甚至更加惨烈，因为这不但是利益和权势的交换，更将爱情、友情甚至血脉亲情作为赌注。

再向后退半步，自封闭的皇宫转向重臣的家宅，斗争依然惨烈，但是相比皇宫却多了选择的可能。一是家宅可入可出，如《锦桐》那样与君和离跳脱泥潭，得以开始新的人生。二是丈夫至亲至疏，如《庶女攻略》的要义是"将老公当老板"，不动心不动情，自然能够胜任女主人的岗位。假如"把大老板变合伙人"，那就还能将后背交给对方。三是人生可进可退，如在《知否？知否？应是绿肥红瘦》的世界中，进可入朝成为护国之府、与夫权倾天下，出可隐逸成为神仙眷侣、携伴云游江湖。女主人公不再"穿越"到迫近历史的皇宫之中，皇权和夫权逐渐分离，阶级矛盾和性别冲突不再叠加。女性一边削弱着男女对手的强度，一边寻找着生存与合作的机会，反而让"宅斗文"产生了更多选择的可能。

当然也有不愿参与历史的纵横捭阖，只想在夹缝与留白处安然度日的"种田文"。像《平凡的清穿日子》那样，事无巨细地还原被历史宏大叙事所遮蔽的普通人家和日常生活，不抱希望便不会失望，重估"平凡"的意义和价值，坦然面对自己和时代的疏离，在"穿越"热潮中达成了"反穿越"的狂欢。

既然历史不可改变，那么也可以彻底抛弃历史。历史背景自"穿越"而"架空"，就创造出了"女尊文"的世界。用女性替代男性来结构社会，实际上是在实验性别与社会秩序之间的关系究竟如何。女尊的世界构想不是为了颠倒阴阳，让女性复制男权社会的制度与秩序，而是不设边界，消除性别带来的偏见与焦虑，从而观察健全健康的人格和两性关系如何从这个实验母体中诞生。

"穿越"是展开一场历史与现实的对话,恢复日常生活中业已本质化的现代性,让现代的知识、技术、观念显现出价值和意义,而穿越基础上的"重生文",则删减特技、限制先知,迫使主人公在此生的不断倒带重来中,由量变产生质变,观察现代性如何从历史的血肉中脱胎而出。能够指引人们走出全新人生的力量,从来不是他人赋予的,而是自己锤炼的;从来不是器物层面的奇技淫巧,而是现代观念带来的自由解放。

在网络文学的发展中,穿越类型打开了一个全新的想象空间。与传统文学借古讽今的隐晦间离不同,"穿越"在历史与现实之间打通了一条虫洞,让人们可以带着现代生活中的金手指与难问题进入其中,借助这个平台开展不同类型的思想实验,呈现出一个丰富多彩的"后穿越时代"。

2. 从穿越进入重生

在女性向穿越言情小说与男性向穿越历史小说的交流碰撞中,部分女性网络文学作者吸收了男性向作品形而下层面的阅读爽感和形而上层面的宏观思考,在历史中为女性创造出一个特殊的观察位置,从而探索在当今人们的焦虑之下,目之所及已经苍老的"现代"是否仍旧具有推动时代前进的力量。

在这一探索中,希行就是一例典型。作为起点女生网的签约作家,希行2009年开始网文创作,目前已有15部作品。在付费读者才能参与投票的推荐榜中,希行有5部作品至今都盘踞在起点女生网推荐榜总榜前五十。希行作品的广受欢迎,毋庸置疑。

但是,在类型化的网文界,希行的风格无法被简单概括。她写的穿越—重生小说,主人公们带着时间差获得的附加技能,虽然命运跌落谷底,却向死而生,一路露头角、争荣耀、斗反派、揭阴谋,酣畅淋漓,爽得过瘾。读者赞誉她"爽而不俗",则是因为在爽的表象背后,希行始终在思考一个问题:我们如今习惯到麻木的现代秩序、知识与精神,为何能在往昔时空中熠熠生光?它们是否在今天真的完全失效?于是,希行带领处于后现代社会中的我们，一起进入前现代社会，尝试从现代性诞生的历程中恢复那份敏感，提炼前进的力量。

希行专职写作之前，一直从事医药行业，因而她作品中的主人公都拥有医药巫蛊之类的专长。前期作品中密集的知识性内容，亦能为读者带来特殊的快感。但"医者"这个身份，为希行作品带来的更为深沉的底色则是，主人公们常常处于这样一种困境：她们从事"医"，对黎民百姓、世间万物都怀有一种宽容和慈悲，希望竭尽全力疗救伤痛；她们又身为"人"，不得不承认自己知识、情感的局限，也不得不与凡俗的轻视、质疑、构陷纠缠斗争。这种大爱与大悲，构成了作品的张力。

而"医者"身处的这种困境，又与后启蒙语境中人们面临的共同困境是同构的。在中国的现代化历程中，医生作为能够根治民族劣根、启迪蒙昧百姓的象征而存在，从对身体的规训到对精神的开掘，共同构成了现代性的重要组成部分。然而20世纪90年代以来，启蒙理想逐渐淹没在政治失语和经济大潮中，本来没有理想也倒还轻松，但在启蒙话语尾巴上成长起来的青年一代，不得不面对的是心怀理想却无处安放的窘境。他们和医者一样，具有改良社会、根治顽疾的信念，却不得不陷于丛林法则和功利主义的泥潭。因而大众文化中一个又一个爆款，从《步步惊心》挥别旧爱、站到历史胜者的一方，到《甄嬛传》搁置爱情、攀登上权力的巅峰，不过是教人们麻木自己、说服自己：只要死心、只要冷血，你就能在残酷的现实中过得好一点。

然而后起的希行却能在这一片唱衰之中敏锐地发现，我们一心求死，其实只因心还未死。既然如此，为何放弃治疗？我们明明不是生而冷漠，为何偏要学着无情而活？正是这一拷问，击中了当代人坚硬盔甲下的柔软心房。多少个"如果我不是医生，我才不会救你"的傲娇，掩盖的恰是"如果我不是医生，其实我也会救你"那羞于明言的温暖。这的确是一个礼崩乐坏的时代，但是在学习如何在废墟中顽强求生，或者如何创建一种新的社会秩序以外，那些残存的火苗，让希行提出了一个医生式的问题：那套现代价值观，是否真的已经无可救药？

《名门医女》中的齐悦，事业上无爹可拼，感情上又被另择高枝的男友抛弃，来到偏远山区支边，自我放逐。但是一场车祸让她穿越回古代，她所奉行的现代价值观，曾让她在当代处处碰壁，却让她在古代独树一帜。齐悦穿越为侯府世子夫人，丈夫冷待、公婆白眼，还谋划娶进一位高门小姐做平妻。于是她潇洒和离，医馆谋生。齐悦的安身立命之物，无非一个医药箱、一身好医术，如果按照简单的生存法则，理应奇货可居、资源交换。但是齐悦从未做此打算，无论婢女还是武官，动刀用药一视同仁，生命面前人人平等。于是众人对新人新事的怀疑和担忧，逐渐被信任和敬佩取代。齐悦医馆遭遇陷害，引来了民众自发支持，促使官府重审谜案，公平和正义获得了胜利。

而和离后的世子，发现那些低眉顺眼、以夫为纲的小姐，不过是高级的侍女，在这样的夫妻关系中，他永远是空洞而孤独的"上级"；只有与不卑不亢、有原则有底线的齐悦相处，他才是既可谈抱负、又能诉衷情的"人"。

从书里的贴身丫鬟、挚友恋人，到书外的当代读者，都生活在巨大的焦虑中：因为没有一种稳定客观的规则可供遵循，因而对于未来有种强烈的不安。但是，齐悦却在一片焦虑中显得异常从容淡定。她笃信现代价值体系，自由平等、公平正义，她的知识与能力也足够在这一体系出现偏差时，维持加固它的平衡。曾被当代社会忽视、放弃的现代性的逻辑与价值，仍然行之有效，仍然存在重新被开掘和利用的可能。

在证明"现代"的有效之后，希行的创作开始从穿越转向重生：如果这套现代性的原则依然行之有效，那么能否通过文字的实验，让人们参与进"现代性"诞生的过程，重新发现它的价值和意义？

能够维系自身奉行的原则屹立不倒，齐悦的尚方宝剑是医术。而在重生文《诛砂》所创造的前现代社会，这一优势被泛化为知识与技能。彭水谢氏每代嫡长女称为"丹女"，掌握整个家族的矿山开采、丹砂交易，还主持各种山神祭祀，被民众信奉膜拜，犹如宗教领袖。《诛砂》的主人公谢柔嘉，前世经历灭门，重生后决心不惜一切保护家族的荣耀与利益。柔嘉在"丹女"之争中，发现所谓宗教的神秘力量很大程度源于世代积累的地理、天文、医学知识。她经历家族放逐，看到了蛮荒矿山中，矿工、农民对自然的热爱，对神灵的敬畏，对付出汗水血泪却依然艰辛的生活的默默承受；她也经历了家族追捧，却在屡次巫祝前后，看清了众人的趋炎附势、竭泽而渔，皇室沉迷丹药、错用忠良。正是在切身经历中，柔嘉不愿再做家族的维护者，转而向封建体系、阶级秩序宣战：打破谢氏垄断，促进全国丹砂的自由买卖；打破丹女制度，将知识技能传授给平民百姓。在经济与知识的双重自由流通下，现代性的萌芽也由此诞生。

不同于《雅骚》尝试从中国独特的儒道文化探索未来发展的可能，也不同于《临高启明》携带现代物资与技术，选定中国历史中的某一节点，推动工业革命和资本主义的诞生，希行的现代性溯源实验，更多的是将庞大空泛的"现代"具象化为个人的经历与选择。当"现代"已经成为这个时空的本质化存在，那么不妨换个时空，感受它究竟是在怎样的血肉中生长出来的。促使主人公打破阶级秩序的，不是一颗圣母心，而是看到权力宝座正压在勤恳纯朴的矿工、才华横溢的姐妹、相知相伴的恋人身上。希行并不是要以文化与历史证明现代性之必然，而是希望用情感和故事将业已麻木僵化的"现代"重新注入灵魂。

而在现代性的溯源之旅中，希行同样追问作为"知识精英"的责任。希行作品中的主人公，从不否认自身的知识精英属性，但是她们又同时认为，所谓"精英"并不是与生俱来、不可打破的，更没有值得顶礼膜拜之处。贩夫走卒都可以通过知识获得技能，生存下来，甚至成为精英。当其他穿越小说中的主人公带着预知历史、掌握知识的精英特质，或是如大多男性向作品，选择进入朝堂、建功立业，带领国家开疆拓土，抚平历史的创伤记忆，或是如大多女性向作品，在鲜明的生存危机中，将老公当老板、把妾室当同事，让自己在规则和陷阱中活下来，并且尽可能活得舒服时，希行对于知识精英的定位和认知，就显现出了现代启蒙的属性。

希行作品想要探求的，不是如何让自己活下来，而是如何让更多的人活下来；不只是通过医疗获得肉体的存活，还有通过新的社会秩序，获得自我与尊严。她绝非民粹主义者，明白真理与人数多寡并无关系，更不会将一条条鲜活的生命钉成铁板一块的"集体",但是她又坚决反对精英主义,始终认为精英与民众、阶层与阶层之间存在沟通的可能。现代知识技能不应是为精英阶级巩固旧土,而是应当打破阶级分化、促进社群交流,最终推动整个社会走向进步。

现代知识不只是用来避免最坏的结局,更应是用来追求最好的可能。当人们在"历史终结"的宣告下,不想成功、只想舒服,不想向命运挑战、只想向强者拜服,那么"现代性"的光明,最终将会湮灭在社会达尔文主义的利爪与犬儒主义的麻木之中——这不是历史的终结,而是历史的倒退。在从"穿越"到"重生"的创作类型的转变中,将宏大的命题赋予细腻的纹路,让人们感同身受地参与进现代诞生的故事之中,成为希行作品的重要实践。

3. 让女性进入历史

和许多女性向网文一样,希行的作品,都是以女性作为主人公。但不同的是,早期穿越言情小说中至关重要的婚姻不再是其主人公一生故事的终点,串联全文的爱情也不再是主人公命运发展的主线。拥有一技之长、带着现代人格的医女们,都试图在一个男女大防的时代,通过医疗这个特殊行业带来的那些人命关天的时刻,逼迫人们正视生命的平等、正视女性的价值,从而获得超越性别的尊重与认同。

《诛砂》在架空的历史中,创造了一个以女性为尊长的母系氏族。看似女性获得了至高无上的荣耀,光鲜背后,则是任何可能混淆丹女血统的女孩都或被远嫁、或被扼杀。除了身居高位的奶奶、母亲与柔嘉,家族中的其他女孩,仍被视为门户联姻的筹码、发生矿难时的献祭。丹女与其他女孩的命运之别,和家族叔伯与矿工的命运之别,并无本质不同。

希行的独特之处在于,她并未因为是架空历史、穿越时空的幻想世界,而塑造一个性别颠倒的女尊王国,一抒现实中遭受性别压迫之愤懑,或者书写一个两性平等的完美社会,回避可能遇到的现实问题。一方面,希行始终正视女性要获得尊重需要面临各种各样的困难,付出艰苦卓绝的努力;另一方面,希行也不断通过人物的命运告诉读者,即便是在所谓的母系氏族之中，能获得尊严的，也只是身居高位的少数女性。不是"女性/男性成为强者"，而是"权力成为强者"。在这个意义上，性别解放与人的解放是同一个命题。

因而希行作品中的女性，不但通过真才实学告诉整个社会"我是人"，而且帮助那些贩夫走卒、婢女兵士认识自我、实现价值，告诉整个社会"他们也是人"。《娇娘医经》里最为震撼人心的段落，就是程娇娘与七位逃兵结拜兄妹之后，一起设酒楼、开医馆，日进斗金又惩恶扬善，七位哥哥本可以坐拥金山、一世太平，但是娇娘送给他们一份厚礼——重回沙场。慷慨赴死，你敢不敢？财富、名望、平安，人人艳羡，都以为这就是人生的顶峰，但人们看到的不过是庞大产业加诸其上的光环，他们个人却始终未曾摆脱"逃兵"的无奈印记。只有娇娘懂得这一点，于是帮他们脱下世俗的桎梏，重新回到行伍之中，一雪前耻、为国尽忠，实现"自己"的价值，让他们"范石头""徐棒槌"的名字，而不是"范老板""徐掌柜"的身份，永远被子孙后代铭记。

在这个充满后现代色彩的社会中，人的异化已经达到了极端的境地，政治领域的一切探索都被指认为无用之功，社会阶层的固化磨灭了个人通过奋斗实现价值的意志，消费主义鼓励女性通过"买买买"来宣泄情感。而在这种以追逐地位、聚集财富获得快感的潮流中，希行反其道而行之，戳破绚丽的肥皂泡，发现其内里的空虚。她帮助人们从对外物的迷狂中醒来，逐渐恢复对自身的感受和体认，让对人自身价值的探索和追寻成为重新追寻现代性的核心。

由穿越小说开始，大批网络文学作家的创作具有了在网络空间中进行思想实验的色彩，成为去政治化的现实中以柔软相对抗的一种方法。穿越类型历经早期的碰壁强权、服膺历史，通过中期男女频不同处理方式之间的交流借鉴，创造出了后期更具建设意义的穿越文与重生文。"穿越"也成为网络文学中的一种常用"设定"，与其他类型相结合，不断衍生出新的网文作品。

第三章
"狠"亦无奈：
以宫斗文、宅斗文为例

空气冰冷，鼻端有生冷的疼痛感觉，手脚俱是凉的。慕容世兰死了，这个我所痛恨的女人。

我应该是快乐的，是不是？可是我并没有这样的感觉，只是觉得凄惶和悲凉。十七岁入宫策马承欢的她，应该是不会想到自己会有今日这样的结局的。这个在宫里生活纵横了那么多年的女人，她被自己的枕边人亲自设计失去了孩子，终身不孕。

她所有的悲哀，只是因为她是玄凌政敌的女儿，且因玄凌刻意的宠爱而丧失了清醒和聪慧。

我举眸，天将黄昏，漆黑的老树残枝干枯道劲，扭曲成一个荒凉的姿势。无边的雪地绵延无尽，远远有爆竹的声音响起，一道残阳如血。

——流潋紫《后宫·甄嬛传》①

电视剧《后宫·甄嬛传》（以下简称《甄嬛传》）播出至第 42 集，曾经备受皇帝宠爱的华妃被夺去封号、打入冷宫，直至赐死。临死之际，华妃还因为只有皇后懿旨、没有皇帝圣旨而不愿相信皇帝会下此狠手，但是甄嬛却亲口告诉她：皇帝为了防备华妃娘家势力过强，在名为独宠专赐华妃的欢宜香中，添加了大量麝香，让她终身不孕。曾因华妃的既娇嗔又骄横、有金句有看点而对这个角色颇多偏爱的观众，顿时为华妃之死扼腕痛惜，随即对皇帝的处心积虑和狠毒阴险冷汗连连。这种巨大的震撼，带来的不是观众关上电视之后就骂编剧夸张、胡编乱造，而是为自己常用香水中标注的麝香成分紧急上网求助，一时间热帖与科普齐飞，焦虑与宽慰并行——人们怀疑的不是后宫斗争是不是残酷到了这个地步，而是此刻的自己会不会已经被害。人们真情实感地投入了那后宫残酷的斗争，与其中人物的共情达到了顶点。

与《甄嬛传》产生共情的，远远不止中国大陆的观众。电视剧在台湾地区上映时，同样引发了全台的追剧高潮，不但在首播中刷新了华视 8 点档多年收视纪录，而且在重播中力压知名综艺热门《康熙来了》。电视剧中的娘娘、小主等说法和妃嫔之间唇枪舌剑的对白，成为台湾观众争相模仿的对象，各类访谈节目也纷纷邀请专家学者对"甄嬛热"展开分析。"甄嬛热"代表的"宫斗热"，早在香港 TVB 电视剧《金枝欲孽》创下风头无两的收视纪录时，就有一轮大规模爆发。短短 30 集、主要人物只有四女二男的《金枝欲孽》，在细节描摹和全局视野上，当然不可与长达 76 集、仅妃嫔就十几位的《甄嬛传》相比，但是在"宫斗"的主题下，充分演绎如何在等级森严的封闭皇宫中挣扎求生，在钩心斗角的人际关系中合纵连横，成为这类大众文化作品的制胜法宝。虽与后宫处于屏幕两边，但人人都觉得自己"身在其中"，整个华语地区的女性在这个

---

① 流潋紫：《后宫·甄嬛传》，晋江文学城，http://www.jjwxc.net/onebook.php?novelid=261211，第三部第十七章。

时代承担了同样的焦虑。

在大众文化作品中，古典主义成长小说的逻辑逐渐失效。凭借勤奋努力和朴素的善恶道德观就能一往无前的情节，被屡屡指认为虚假，因为整个社会已经丧失了可以共享的价值观念、人生理想和道德准则。在网络文学领域，宫斗类型于2007年前后从穿越类型中蜕变而出，主人公是不是现代人穿越而至已经不再重要，在这个以中国封建等级制度构建的斗兽场中，人们感受到了属于现代社会的残酷竞争。电视剧《甄嬛传》的同名网络小说原著，则于2006—2009年的连载创作中陆续汇集了宫斗类型中出现过的各类元素，并且将其全面推向极致，成为"宫斗文"中具有代表性的典型作品。

小说《甄嬛传》讲述了甄嬛选秀入宫，原本怀着对皇帝的朦胧爱意，希望以智谋获得自保、维护爱情。但是，残酷的宫廷斗争戳破了她的爱情幻想，历经与昔日的好友反目、又错失挚爱的王爷，被放逐到寺庙又重回后宫的甄嬛，认识到"狠心亦是有心"，若要求生求胜，就得无心、无情，只剩狠。甄嬛从无"金手指"，只靠自己拼——从天真烂漫、渴望爱情的单纯少女，逐步成为深谋远虑、割尽情感的深宫妇人。逼迫甄嬛改变的，是始终悬在头顶的生存焦虑。她对敌人狠，对自己更狠：前者只是伤及利益，后者则是自我阉割，压抑所有更高的欲望，只为拼尽全力去生存。这种光鲜亮丽的狠戾、咬牙切齿的撒娇、物质餍足的空虚，成为当代人，特别是当代女性的写照。

如果说大众文化现象是时代症候的无意识反映，那么《甄嬛传》的火爆中，除了其对弱肉强食的精准表达、受众对残酷竞争的人人自危之外，更值得关注的还有人们对《甄嬛传》近乎贪婪的方法论学习：将"后宫叙事"视为"职场叙事"，把甄嬛形容为"清宫杜拉拉"，《甄嬛教你如何职场上位》《〈甄嬛传〉成职场生存宝典，跟清宫杜拉拉学宫斗》等网络热文频频出现。甄嬛的结局远非圆满，在相继失去爱情、友情之后登上太后之位，充满了"一将功成万骨枯"的悲怆。但是尽管如此，人们还是蜂拥而至地将其奉为人生赢家，从生存环境到价值体系——后宫或职场，古代或现代——都如此信奉胜者为王、忽略个人价值，同样到了令人惊心的地步。

　　早在网络文学穿越作品 2004 年前后盛行之际，人们就已经借着五花八门清穿文中"选四爷还是选八爷"的讨论，思考过这样一个命题：生存与爱情，哪个更重要？《步步惊心》中起初爱着八爷的若曦，逐渐在历史进程中引导读者认同四爷、转投四爷，从而完成了自己的判断：生存更加重要，更何况，四爷多少也爱着若曦。然而到了《甄嬛传》，这个聊供慰藉的表象也被撕碎：皇帝对甄嬛并无"爱情"。那些生活中的小恩小惠，已不足以支撑起宏大意义。"生存与爱情"的选择题，其实只是个伪命题；"如何生存"的问答题，才是人们面临的现实困境。《甄嬛传》这部网络空间自由生长出的现实主义作品，以贴地前行的匍匐姿态，还原了当代人在"后启蒙时代"信仰缺失、在激烈竞争中唯愿求生的困境。

一、丛林法则下的生存困境

1. 等级森严的封闭皇城

　　电视剧《甄嬛传》开篇的第一个镜头和第一个声音，是皇宫太监手执数米长鞭奋力甩出，以传统意味浓厚的鸣鞭三肖，示意群臣噤声肃穆，恭迎新帝登基。"太监"这个被阉割的男性形象，配上"鞭子"这个弗洛伊德心理学中生殖器官的典型外化，形成了一个意味深长的隐喻。作为执鞭人的太监是当权者的一种变形，他既是被（因）权力阉割的，丧失了性（爱）的能力，同时却又被权力赋予了一个极度夸张膨大的假体，以此号令天下，让他人躬身俯首、寒噤不言。在"鸣鞭"的仪式中，王尔德的那句"世界上的任何事都和性有关，除了性本身。因为性关乎权力"再次得到了最佳演绎。

　　伴随着三声鞭响迅速切换的，是万里无云的碧蓝天空下，紫禁城的金色琉璃屋顶在不同的角度下层层紧密排列、重叠，空阔舒朗和压抑紧凑对比而出。当群臣低头小步列队而入，镜头转为自上而下的俯视，模拟出皇帝身居高位的视角。天际带来的分割线上移到画面上部三分之一处，密密麻麻的人群走动和青灰色的方格石砖，令压抑感扑面而来。新帝一步一步走上帝位的过程，伴随着行止有序的古代礼仪、中正绵长的交响音乐，将故事展开的特殊空间——皇城宫苑、特殊时间——登基伊始，以及特殊规则——等级森严、强者为王，都呈现了出来。和原著小说相比，电视剧放弃了对皇帝"长身玉立，丰神朗朗，面目极是清俊"[①]的浪漫化想象，而是用陈建斌这一中年实力派来演绎帝王的阴郁沉稳，使其成为纯粹而绝对的权力象征。而皇帝颁布的第一道诏书，为给自己即位立下功劳的隆科多、年羹尧分封官职、排列次序，进一步强化了这种以皇室为规则的制定者、以皇帝为权力的分配者的高度中央集权体制。

皇宫的等级森严，既体现为前殿臣子的等级次序，更体现为后宫妃嫔的高低排序。作为宫斗小说的集大成之作，《甄嬛传》在全书附录中，列出了一张"根据历朝历代的后妃序列体系糅合而成"的后宫妃嫔等级表。在这张表格中，后妃被细分为 17 个高低品阶，每个品阶内又有 1~9 个不同名号区分次序，共计列出了 45 个具有专属称谓的后宫妃嫔之位。作为一部架空历史之作，这个后宫等级秩序的丰富程度，甚至比真实历史有过之而无不及。

与等级森严的制度相伴的，是每一个等级都有相应的仪制供给和行为规范。"名号"代表的不仅是一个称呼，更是包含了从每月俸银、吃穿用度到请安规矩、出行随从，乃至皇帝临幸分寸、家族官场晋升的方方面面。也就是说，这种等级体制不仅在意义层面展开，而且深入了社会生活的运转。这套制度允许当权者在大部分时间隐形，仅仅凭借层级之间的相互倾轧斗争，就能令部分既得利益群体获得快感，并且协助维持这一体系的运转。

这一后宫体系首先唤起的是人们对于自身所处的现代职场的体验。从低到高的妃嫔等级，与职场里科层制形成的权力矩阵关系高度相似。主人公甄嬛从正六品莞贵人一步步晋升为莞嫔、婉仪、婕妤、贵嫔、昭仪、莞妃、莞淑妃、皇贵妃，直到成为皇太后，如同职场中的升职加薪，

[①] 流潋紫：《后宫·甄嬛传》，晋江文学城，http://www.jjwxc.net/onebook.php?novelid=261211。

暗合了受众的心理预期。而在这一过程中，甄嬛披荆斩棘，一方面躲过了明枪暗箭的攻击和陷害，另一方面也反手还击，甚至主动设计，将平级和高阶的对手一一斩落马下。成功和失败的交错出现，让受众感同身受。甄嬛最后的胜利，释放了现实职场中备受压抑的反抗欲望。

然而，这种可以带来快感的"打怪升级"，默认了在"求生"的首要目标下，对体制本身的反思和抗争。《甄嬛传》以"我"的第一人称视角叙事，只有"我"的内心活动展现在读者面前，也只有"我"能够对是非曲直和得失取舍做出评价。参选秀女之初，虽然甄嬛百般不愿、无意入选，但还是被皇帝挑中，然而入宫之后，她也在潜移默化中迅速接受了宫中的规则制度。她首次目睹后宫的血腥争斗，就是华妃对出言不逊的梁才人施以"一丈红"，责打双腿"不计数目打到筋骨皆断，血肉模糊为止"。梁才人罪不至此，但是在甄嬛的视角中，她先前就愚蠢狂妄，而华妃身居二品，按照后宫规矩，有权力使用这一刑罚。这其实是默认了这一等级制度及其酷刑的合法性。而安陵容分析"华妃严惩梁才人，似乎有意拉拢我们"，更让以甄嬛为首的小团体产生了被后宫认同和接纳的错觉。这场森严而残酷的"饥饿游戏"之所以运转不停，恰是因为拥有着出自内部的自发维护和认同，参与者甘愿成为等级制度中的一环，这才是形成等级序列及其能够封闭内合的可怖之处。

2. 以男性为中心的评价体系

宫斗的森严等级和残酷的运转法则，虽然绝大部分时间是靠身处其中的女性不自觉地维持着的，但其最终裁决的权力，却牢牢掌握在隐身于后宫事务之外的皇帝身上。《甄嬛传》中的皇帝叠加了一家之主和一国之君的双重身份，与后宫嫔妃之间，不仅是传统封建父权意义上的夫妻关系，而且是统治秩序中的君臣关系。

夫妻关系中，一夫一妻多妾的庞大家庭，妻子需要为其遵循三从四德、三纲五常，毫无怨言和妒意地为其打理后宅多位妻妾之间的关系。正如《甄嬛传》中的皇后本是深爱皇帝、根本不想与她人分享丈夫，甚至不惜为之毒杀亲姐，但是仍旧必须尽到妻子本分，为皇帝扩充后宫、绵延子嗣，含笑盈盈地参加秀女殿选，频繁嘱咐太监"还不快把名字记下留用"。而君臣关系中，妻妾的一切个人才智和家族资源，都要充分为其服务，而她们的后宫地位，也与前殿的国事风云和家族兴衰休戚相关。华妃承蒙盛宠，皆是因为慕容一族兵权在握，她的父亲和哥哥更是开国功臣，而甄嬛从普通得宠新贵变身为皇帝可以与之暗中联合、扳倒慕容家族的心腹，则是以获得了自由出入御书房的特权为转折。

因此，正如西蒙娜·波伏娃谈到的，"在男权制的社会中，男性拥有追求超越的可能性，而女性却不得不被囿于内在性之中。她与世界的联系只能通过男性这一中介来完成"①。无论是在情感的个人关系中，还是在才能的社会关系中，女性价值的实现，都只能借助皇帝这个男性中介完成。她们不是没有个人才干与家族资源，而是无论做后宫的"妃"还是前殿的"臣"，都绕不过男权与极权共同构成的堤坝。这种亦妻亦臣的关系，看似是皇帝能够在"女子无才便是德"的封建桎梏中向外一步，欣赏"德才兼备"的妃嫔，但其实无论是妻还是臣，性别的变化并没有能够打破阶层的高低，处于高位的统治者隐藏的倾轧和榨取依旧存在。后宫及其生存法则的严密和封闭，因此更进一步。

在这一封闭环境中，作为男性的皇帝对女性后妃的物化和占有是全方位的。《甄嬛传》中，嫔妃如果想获得皇帝的青睐，必不可少的就是拥有一项具有排他性的才艺。比入选秀女们还要抢先获得恩宠的宫女余氏，凭借的就是"歌声甚好"，因此被皇帝封为"妙音娘子"。甄嬛能吸引皇帝的注意，也是因为一曲《杏花天影》的动人箫声，而进一步固宠，则是将错就错地借皇后设局，跳出一支《惊鸿舞》，成为皇帝心中纯元的替代。妃嫔与皇帝之间没有真正基于人格产生的平等感情，而是以色相、技艺获得皇帝的关注和宠幸。在封建社会中，女性的歌喉和身姿，已经属于真实肉体的象征性延伸，对这些技艺的欣赏，也带有亲昵和狎邪的色彩。同时，无论是妃嫔想要吸引皇帝，还是皇帝想要展示妃嫔，都是处于一个特定的公共场景。这种"美姬共赏"的气氛，在女性作为男性

---

① [法]西蒙娜·波伏娃:《第二性Ⅱ》，郑克鲁译，上海译文出版社，2011年，第203—204页。

私有之物的语境下，让女性成为"一种吸引力和诱惑力与一种有选择的拒绝义务之组合，吸引力和诱惑力被所有人认识和承认，并能为女人所依赖的男人或与女人有关的男人带来名誉，而有选择的拒绝义务则为'炫耀性消费'的作用增添了排他性的身价"①。

除了将女性视为具有炫耀意味的个人物品之外，能否怀孕生子、成为皇家延续血脉的生育机器，也成为衡量后宫妃嫔价值与地位的标尺。《甄嬛传》的宫斗戏，就是围绕着为皇帝诞育子嗣展开了一系列残酷而血腥的争斗。这其中有皇帝对妃嫔的算计：为了制衡各方力量，在兵权和朝堂举足轻重的慕容家族，不能再在后宫中一家独大，皇帝削弱华妃的方式，就是暗中令她失去怀孕能力。眉庄一朝有孕，皇帝不但予取予求，在日常饮食上和颜悦色地询问"你想要用些什么？"更是次日就"封眉庄为正四品容华，又赏赐了一堆金珠古玩、绸缎衣裳"。但是听闻眉庄怀孕是假，还没分辨她是无辜受骗还是刻意欺君，皇帝就已经"脸色生硬如铁""额上青筋暴起""语气森冷如冰雪"，然后宣布"容华沈氏，言行无状，着降为常在，幽禁玉润堂，不得朕令不许任何人探视"②。皇帝前后变脸之迅速，展现出在这一秩序中对女性"有孕和无孕之身的身体完整性的双重标准，将女性建构成胎儿孵化器，赋予胎儿'超级主体'地位"③。《甄嬛传》的导演郑晓龙将这一宫斗逻辑总结为"肚子哲学"：女性通过为男性繁衍后代而令自身价值提升，通过阻止其他女性为男性生育而令自身价值保值。对女性生育功能的高度局部聚焦，使女性对自身的价值判断也出现了倾斜，最终巩固了以男性为中心的父权意识形态，完整的个体成为局部器官的异化。

宫斗之中，皇帝四两拨千斤式的裁定权力，最终体现在通过封号对各位嫔妃做出评判的"命名"之中。后宫三千佳丽，位份40余个，在《甄嬛传》构建的后宫体系中，属于每位嫔妃自己的东西，是皇帝给予

---

① ［法］皮埃尔·布尔迪厄：《男性统治》，刘晖译，中国人民大学出版社，2012年，第40页。

② 流潋紫：《后宫·甄嬛传》，晋江文学城，http://www.jjwxc.net/onebook.php?novelid=261211。

③ ［美］苏珊·鲍尔多：《不能承受之重——女性主义、西方文化与身体》，綦亮、赵育春译，江苏人民出版社，2009年，第82页。

的"封号"。嫔妃上升到一定品阶，皇帝如无特殊示意，则仍旧以"姓氏+封号"称呼；如果获得皇帝偏爱，那么皇帝就会根据每个人不同的特点，拟定不同的封号。《甄嬛传》借助"封号"，对人物进行了许多春秋笔法的描述。华妃自嫁入皇室，便是鲜花着锦、烈火烹油，"华"字如其人，尽显美丽与光彩。及至由正二品升为从一品，皇帝再赐封号"暂华夫人"，仅次于皇后的从一品地位，协理六宫的巨大权力，还有独一无二的封号美名，华妃之盛已达顶峰，而皇帝此时也已经暗中部署誓要铲除慕容一族。"暂华夫人"中的"暂"字，原指一种只开花、不结果的枣树，暗示皇帝不会允许华妃怀孕，盛极之中已有颓相。安陵容小门小户出身，以歌喉获得宠幸，却是升至昭媛也无封号的"无名之人"。怀孕晋妃时，她暗中示意内务府拟定"俪"字上呈，希望有"容颜姣好、成双成对"的美意，却不料皇帝心中其实并看不起她，只当她为嬖妾，配不上"伉俪情深"。而甄嬛则伺机报复，取了一个"鹂"字，点破她不过是一只小鸟一样的玩物，引来后宫嫔妃心知肚明的嘲讽。

伴随终身、不会改变的封号，成为嫔妃在后宫中新的名字和身份，而这一命名的过程，则是由皇帝完成的。命名，象征着将个体纳入社会秩序，从此有了属于自己的、独一无二的身份符号。丈夫必须与他人共享，珠宝也会被转赠他人，唯有封号，是始终与自己紧密相连、无法分割的标记。没有封号，哪怕再高的位份，也都是个"无名之人"，是结构性升职而非获得了皇帝的宠爱。有了封号，如果言行失当，依旧会被皇帝褫夺封号，被放逐到后宫的边缘位置。而封号取何字、用何意，更是体现了皇帝对一个妃嫔的价值判断。借助"封号/命名"这个权力，皇帝所代表的男权，掌握了女性能否作为个体存在、女性价值如何评定的权力，从而彻底实现了对女性的规训和形塑。

3. 进退失据的女性

《甄嬛传》的宫斗戏所营造出的绝望感，既体现在后宫等级森严、业已形成以皇帝为核心的中央集权，更在于这个体制是绝对封闭的，被扼杀了一切突破的可能。

参选秀女的甄嬛原本没有打算进宫，只想走个过场，因为"我甄嬛一定要嫁这世间上最好的男儿，和他结成连理平平安安白首到老"，"而皇帝坐拥天下，却未必是我心中认可的最好的男儿。至少，他不能专心待我"。不料因为有酷似纯元的容貌，而被钦点留宫。进宫之后，甄嬛也是屡次装病，拖延侍寝，即便知道倚梅园雪夜许愿偶遇之人即是皇帝，而皇帝也在寻找当日所遇之人，仍旧偏居一隅。得知被宫女余氏冒名顶替后，也淡然说道："便宜了旁人，有时候可能也是便宜了自己。"仿佛下定决心无欲无求。

但是，封闭的后宫的残酷性就在于，在一个不断优胜劣汰的丛林社会中，是不可能保持中立、超然物外的。与世无争的甄嬛在御花园荡秋千时，恰与余氏狭路相逢，恃宠而骄的余氏甚至命令位份在她之上的甄嬛向她行礼。后宫之中，如果不获得皇帝的宠爱，没有更高的位份，那么任何一人都是可以来欺负你的。此时，进攻才是最好的防守，厮杀成为生存焦虑下的必然选择。后宫里的千百嫔妃，如同置身在一个身后不断开裂塌陷的冰面之上，如果不冲到最前，必然会坠入冰窟。而冷宫冰窟中的生活，在甄嬛频频出手相继将余氏、丽嫔、芳嫔送入冷宫之际，也让甄嬛得以窥见。千万不能让自己也落到被打入冷宫的地步，这成为促使甄嬛以攻为守的最大动力。而一同前来、本性也是淡然超脱的眉庄，在遭遇华妃陷害、差点被打入冷宫甚至赐死之后，此时也发出了振聋发聩的誓言："我必要让慕容贱人也来尝尝冷宫里那种生不如死的滋味。"

除了后宫之中不进则退的生存法则，她们还背负着整个家族的兴衰使命。无论是甄嬛、华妃还是眉庄，她们得益于父亲官职和家族地位，在入宫伊始就被高看一眼，不必像安陵容那样，因为出身平平，而被其他妃嫔讥笑轻视。然而，事情的另一面就是当自己的父兄仕途遇挫、政治地位受到威胁时，她们都必须挺身而出，匍匐到皇帝脚下为家人求情。

甄嬛误穿纯元旧衣而被打入冷宫，此时却听闻父亲和兄长遭人陷害，"一门爵位全无，大人少夫人皆入大牢"，身怀六甲的甄嬛为了家人的性命，终于向皇帝低头示好：

自我禁足以来，再未曾见过他，这样乍然见了，只因为我的家族性命悬于他一人之手，这样尴尬而难堪的境地。我心里，哪里还想得到他好不好。如今看他，与从前一般，只是眼眸里多了一丝戾气，更觉阴冷。隔了这些日子，只觉得恍然和蒙昧，似是不想念了，见面却依旧扯动了心肺。只晓得近也不是，远也不是，泪水潸潸而落。

他对着我的泪神态愈加温文，喟然叹了一声："当日对纯元皇后大不敬之罪，你可知错了吗？"

这一句话，生生挑起了我心底的伤痛和羞辱，少不得强行按捺，只道："臣妾若说是无心，皇上信吗？"

他的口气却生硬了："错便是错，无心也好，有意也罢。"

我一怔，心口似被人狠狠抓了一把，疼得难受，泪却止了，含泪笑道："不错不错，的确是臣妾的过错。"我低身跪下，"臣妾冒犯先皇后，罪孽深重，情愿一生禁足，羞见天颜。但请皇上能再审臣妾兄长一案，勿使一人含冤。"我凄然抬首，"皇上，也请念在瑞嫔已死的分上吧。"①

纯元一事，既是皇帝的心结，也是甄嬛的心结。甄嬛不愿意成为纯元的替身，希望成为独立的个体、拥有自己的价值。因此对误穿纯元旧衣一事，一定要求个真相。但是在皇帝眼中，这个行为是作为"赝品"的甄嬛对"正品"纯元的挑衅，因此"错便是错，无心也好，有意也罢"。但是在这个特殊时刻，甄嬛为了家族前途，不得不向皇帝下跪叩首、自揽罪责。甄嬛不仅仅是向冷战中的皇帝俯首认输，更是放弃了试图在这后宫斗争之中超脱出来、不想被视为玩物而希望做个人的努力。甄嬛放弃了争取自己尊严的最后希望，而皇帝也在埋葬甄嬛灵魂的棺椁上钉下了最后一颗钉子："其实能够有几分像菀菀，也是你的福气啊。"

后宫之中的捧高踩低、趋炎附势，根本容不得任何一人隐逸于争斗；

---

① 流潋紫：《后宫·甄嬛传》，晋江文学城，http://www.jjwxc.net/onebook.php?novelid=261211。

后宫之外的家道兴衰、亲人命运，更是要仰赖"皇帝枕边人"这样一个特殊身份力挽狂澜。因此，甄嬛在宫中是"退无可退"的。更何况，修罗战场中，也布满了各种诱惑，促使参与者们不自觉地在划好的赛道内竞相追逐。

皇帝为了征服甄嬛，首先是英雄救美，在甄嬛因位份不高而被得宠的余氏欺侮时，直接将甄嬛从贵人升为莞嫔，给予她地位的上升。其次是"椒房之宠"，以椒和泥涂墙的房屋，"是宫中大婚方才有的规矩。除历代皇后外，等闲妃子不能得此殊宠"。皇帝用这一充满象征性的恩宠，给予甄嬛虽非皇后却情同伉俪的幻觉。最后，是日常生活用度与博得欢心的程度息息相关。甄嬛得宠时，就能获得丰富的物质供应，这种"物质的餍足"不但伴随着强烈的排他性，而且隐含着逾矩的快感。原本只有华妃独得的波斯国贡品螺子黛，被分给甄嬛大半，甄嬛对四郎画眉的满足，和华妃被分走象征地位的贡品的不满，构成了下一轮宫廷斗争的动力。而甄嬛失宠时，日常生活的银两物资都被克扣，冬天无炭，病危无医，生存再次面临危机。

《甄嬛传》小说，将大量的笔墨花费在对皇宫奢华生活的细致描摹上，后宫妃嫔的妆容发型、衣衫首饰，还有精致饮食与昂贵器物，作为所有物的奴婢数量与忠心程度，共同构成了一幅想象中的古代宫廷画卷。影视化之后，这些细节被一一还原，甚至有过之而无不及，精致的服装、化妆、道具，成为《甄嬛传》多年来屡次重播都不显过时、收视稳定的关键因素。在现实生活不能过分展现豪奢的语境下，通过对传统中国贵族的生活进行精心的"物质化还原"，构成了超越日常生活的独特"景观"。溢满视野的精美器物，台词中文雅悦耳的物品名称及功能描述，以其冗余和过度构成了强烈的冲击力，让受众渐渐堕入物质的汪洋大海。人们和甄嬛一样凝视这些物质，想象它们所代表的超越性含义，陷入对它们的崇拜和迷恋。

而消费主义的力量，在从饮食书画到妆容服饰的"甄嬛同款"中，促使受众更深度地进入这个古今相通的困境。在消费品快速迭代的时代，如同逆水行舟、不进则退，生存的底线逼迫人们必须前行，而前方令人眼花缭乱的物质及其背后的象征意味，则吸引人们不断竞逐抢夺。无法逃脱的封闭世界、等级森严的规则体系、自内至外的运转力量，还有凶残的淘汰机制和散发着光辉的战利品，形成了"宫斗文"中的丛林世界，也成为现实生活的变形投射。

二、泯灭的爱情能否重燃

1. 从宫斗走向弑夫

《甄嬛传》进行创作的2006—2009年，是"宫斗"从元素走向类型，从穿越、重生类型中独立出来的阶段。在长达两年多的连载和150余万字的写作中，作者流潋紫参考了此前和同时期其他作者的大量后宫题材小说，并在创作中融汇了部分语句、情节和段落。一方面，《甄嬛传》在晋江文学城连载期间就因此受到抄袭举报，并且根据晋江管理层的判定，作品确实存在抄袭部分，并且就此监督作者修改、致歉；另一方面，《甄嬛传》作为一部融汇了30多部同题材小说的文本，作为一个能够在当今中国社会引发强烈反响的文化现象，它所反映的现实问题和表达的情感判断，在文化研究的意义上看，可以说是具有普遍价值的。

这部作品塑造了一个复杂的女主人公甄嬛，并且以第一人称的细致剖白，展现了她从单纯天真的少女一步一步成长为深具城府的太后的过程，也带领读者完成了从期待爱情、相信爱情到幻想破灭、冷血无情的心理转变。

小说一开始，少女甄嬛不求荣华、无意入宫，期待的爱情是"愿得一心人，白首不相离"。入宫之后，皇帝在倚梅园偶遇她之后的全宫寻访，也没有能够引出托病不出的甄嬛。直到御花园中，两人因箫声相识，皇帝品评之间展现出了对音乐高超的品鉴能力，让甄嬛心中暗暗引为知音，在随后的身份大白中，她才怦然心动："我所喜欢的人正是这世间唯一一个堂堂正正与我相爱的人，再不用苦苦压抑自己的情思。"而随后侍寝，与皇帝共点红烛，祈愿白头偕老，也得到了皇帝"必不负你"和

"椒房之宠"的回应与许诺。虽然这不是想象中自由和乐的普通家庭，也必须与诸多妃嫔共同分享丈夫，但是面对知情识趣的皇帝，甄嬛的心中是有爱的。为了这个所爱的人，她修改了原初的设想，将爱情的标准降低到堂堂正正、白头偕老，希望以此长久相伴。

维护这份"爱情"，成为甄嬛决定参与后宫斗争的重要因素。她从不主动出手害人，但面对敌人要抢夺自己的爱人、破坏两人的感情，却毫不犹豫地反击并报复。她的最大快感，并不是来自皇帝的宠爱由其他嫔妃转移到了自己身上，而是在皇帝多次对自己独一无二的示好和发觉皇帝对华妃等人的暗中提防里，有了一种皇帝不爱她们、只爱自己的满足感。在残酷的宫斗中，"爱情"不但是她的动力，也是她的信仰。

但是，甄嬛的这一信仰，在纯元旧衣事件中，被彻底打碎。她一度相信的两情相悦，最终被证明是她自己的一厢情愿。帝王之家可以给予她的是"宠"，而不是"爱"。"宠"这一字，本义是养在家中的小蛇。一段传统意义上以宠为导向的情感关系，至少指向以下三方面。首先，双方存在物质上的依附关系，一方供养另一方。这种供养可以是予取予求，甚至达到餍足状态，但是其物质的获取渠道格外单一，也就具有高度的风险性和不确定性。其次，双方存在地位上的高低差异，并且这种差异是随着宠的关系而日益固化的。因宠而饲的东西，本就是供养者生活中锦上添花的宠物、玩物，是属于供养者的私人财产。而为了保证这种长期的供养关系的稳定性，还会将被供养者的活动空间加以限制。第三，双方存在情感上的错位关系。对供养者来说，所宠之物不过是生活的一部分，不仅是可以随时终止的，而且是可以一对多的。但是，对被供养者来说，这段关系却意味着从生存到精神的几乎全部。

皇帝给了甄嬛毫无疑问的宠，但是甄嬛想要的，自始至终都是从一而终、白头偕老，是两人不但能够平等交流、相互尊重，而且能够彼此将对方视为独一无二的人——即便形式上无法实现一夫一妻，精神上也要保持独一无二。皇帝将甄嬛视为纯元的替代，为她拟定的封号"莞"实则取自纯元小名"菀"的同音字，从她的面容、箫声和舞姿中贪婪地寻觅昔日纯元皇后的影子，满足自己登临帝位之后内心情感上的匮乏。

他拒绝将甄嬛作为一个独立的个体对待，甄嬛作为纯元的赝品和副本，是不配拥有主体性的。甄嬛可以在皇帝允许的范围内"像"，但绝不能"成为"，甚至也不能"扮演"。

不被允许保有主体意识的甄嬛，意识到了爱情神话的破灭。而爱情神话恰是启蒙神话构成的重要部分。甄嬛所期待的平民之家白头偕老，某种程度上呼应了西方文艺复兴运动中对人们世俗生活的关注和重视。而随后的启蒙运动，则将"个人的发现"与"女性的发现"，融入浪漫主义文学运动，把个体的生命价值体现在通过爱情达成的精神认同中。追求并获得爱情，在启蒙理想仍旧通行的时代，意味着个人价值的极大实现。同样，爱情神话的破灭，则意味着个人价值已经不能够依靠对启蒙主义理想信仰的遵循而实现。甄嬛对皇帝之爱的萌生，在读者与观众看来极为天真，但是这份爱情的破灭，特别是皇帝以碾压的姿态强调甄嬛永远不能成为纯元、不能获得属于人的平等与尊严时，与当下社会中人们身在竞争残酷的环境、为生存下去拼尽全力，没有精力也没有途径实现个人价值的深层焦虑恰恰相合，因而引发了强烈的共鸣。

这种对爱情、对个人价值的追寻和破灭，不仅是甄嬛一个人的。皇后、华妃，都曾对皇帝付出真心，却没有能够获得她们想要的爱情。如同电视剧开头那段意味深长的鸣鞭隐喻，皇帝的"爱情"，从一开始就是一段已被阉割，但又接续上了一个巨大假体的存在。早已死去的纯元，被皇帝在想象中不断美化，成为一个他作为帝王的深情神话的自证。这个从未正面出现过，却又时时存在于传说中的幽灵，既是被失察又偏宠的皇帝间接害死的，又是被他拿来引发后宫争斗的工具。与其说他的爱情最终指向的是一个自己建构的虚无形象，不如说他最爱的始终都是自己。这个巨大的假体，指向的是由鞭笞所昭示的权力。在强权之中，没有平等的爱意，只有以宠爱假象出现的压迫。"在这深宫之中，无宠者死，有宠者死，专宠者还是死"[①]，代表"爱情"的纯元幻象和以"宠幸"为方向的生存法则，最终都是强权的自我美化，掩盖的是身在局中的人

---

① 蔡郁婉：《女性显影之后——试析电视剧〈后宫·甄嬛传〉》，《学术评论》2016年第4期。

们必须听命于权力随时制定、随意更改的规则的真相。

爱情确乎曾经发生，但是现在已经破灭。它既然不能成为女性对抗世界的铠甲，那么也不应成为女性自己的软肋。甄嬛面对强权、面对封闭后宫里等级森严的"饥饿游戏"，最终选择用"弑夫"这一决绝的手段展开自己的抗争。

甄嬛的"弑夫"发生过两次。爱情神话破灭之后，甄嬛自我放逐到凌云峰甘露寺带发修行，她心中对皇帝已经是万念俱灰、再无爱意，但是从小树立起的爱情信念，对于感情发自本能的渴望，却是无法彻底消散的。此时出现的清河王玄清，填补了她内心的空缺，让她残存的情感有了容身之处，成为她新的爱人。误以为玄清已死、为了生存再次回到宫中的甄嬛，已经彻底以自我阉割的方式，放弃了对爱情的任何奢望，开始以进攻作为防守，誓要为自己和孩子在后宫中开拓出一片天地。但是，正当甄嬛位极贵妃，两个孩子也备受圣宠之际，玄清归来，两人曾经私通的秘密被皇帝发觉。在皇帝设计的凌云峰桐花台一夜中，一壶毒酒，玄清死在了甄嬛面前。虽然甄嬛也曾有心代他饮毒赴死，但实际上，从甄嬛决定重回宫中，在刀尖上舔血求生的那一刻，爱情所代表的抽象意义已经彻底地被在现世生活中如何活下来、活得更好的目标所取代。在甄嬛心中的天平上，保全自己和玄清的血脉，牺牲原本就曾在她心中死过一次的情人，是个对彼此都利益最大化的选择。

尼采曾说，"与恶龙缠斗过久，当心自己也会成为恶龙；当你在凝视深渊的时候，深渊也在凝视着你"。曾因抱有爱情幻想而离开后宫的甄嬛，最终以亲手杀死爱情的方式，为这套弱肉强食的后宫规则送上了自己的投名状，重新进入这个游戏。

当甄嬛终于将劲敌一个个踩在脚下，成为掌管六宫的后宫之主，皇帝也在她和叶澜依的携手谋害中，成为奄奄一息的榻上病体时，甄嬛独自进入皇帝寝宫，向皇帝抛出连环炸弹：他视为私有财产的众多嫔妃，其实早已与他离心离德；她和玄清因私情诞育的孩子，正被他当作亲生骨肉宠爱；他钦定的太子更是眉庄与温实初所生——她亲口告诉他，他的威严、宠爱和权势，不但已经烟消云散，更是让他沦为笑柄。皇帝在甄嬛的言辞中气绝身亡，甄嬛也以这种方式完成了自己的复仇。

如果说第一次弑夫，是为了生——在被动中杀死了情人，完成了对后宫丛林法则的归顺，获得了重新进入这个丛林的机会，那么第二次弑夫，则是为了赢——主动出手杀死了皇帝，完成了对这套丛林法则的反抗。在以男性为中心的后宫权力体系中，曾被视为私有财产、生育工具的女性，以精神和肉体的双重背叛，拒绝将自己作为权力的附属和繁殖的工具，凭借自由意志与相爱的男子结合，并且将生下的孩子作为皇位／权力的继承者。《甄嬛传》正是以这种离经叛道的方式，让等级森严的权力法则产生了运转危机，在女性的自我意志跌入谷底之时，用"以暴制暴"的方式，强行杀出一条血路，拒绝任何与其谈判的可能。

这和弗洛伊德谈论的"弑父"有很大的不同。弑父的本质是为了"杀父娶母"，也就是成为父亲的替代者，继承包括母亲在内的所有资源，继续遵从父权体系的运行规则，某种程度上也在等待着被下一个儿子杀死。但是，网络言情小说行至《甄嬛传》，却出现了大量隐含"弑夫"情节的作品。弑夫不是为了替代丈夫，而是呈现出两种取向：一种是如同甄嬛被动杀死情人一样，当男权体制逼迫到令人难以生存下去时，果断杀死丈夫，打开制度的缺口，获得利益最大化；另一种则是如同甄嬛主动杀死皇帝一样，对整个男权体制和作为象征物的丈夫达到了无与伦比的厌恶，从而以这种决绝的方式表达自己的反抗，建立属于自己的世界。

辛夷坞连载于2007年的《山月不知心底事》中，坚强独立的女主角向远为了丈夫叶骞泽的家族企业奉献了自己的全部青春和智慧，但是软弱无能的叶骞泽却沉溺在与自己妹妹的乱伦之恋中，之后又为了满足作为男人的虚荣，上演救风尘的戏码，然后遭人绑架。已经掌管了整个商业帝国的向远，平静地交出赎金，然后要求绑匪撕票。向远对叶骞泽从爱慕到醒悟的情感历程，伴随的是她对自己的角色定位从"妻子"到"女企业家"的转变。当属于向远的商业版图已经徐徐展开，她的人生不再要求有"丈夫"这个空洞的能指，便以"弑夫"为自己的过去画上了句号。

鲜橙的《太子妃升职记》与蒋胜男的《芈月传》，则成为一对可以相互对照的大众文化文本。2015年，这两部作品，一部作为小成本网剧、一部作为大制作上星电视剧，几乎同时开播，然而却引发了截然不同的口碑。蒋胜男的《芈月传》虽然名为网络文学，其实只在网上连载了一个开头，就被导演相中而定制写作。整体创作上脱离了网络文学的生产环境，编剧又长期浸淫在传统家庭情节剧的生产体系中，因而《芈月传》在演绎历史中"设计杀义渠"一场戏时，将其处理为芈月在一旁以扭曲变形的表情大喊"不要打了！"然后，在义渠君死于他人刀下时，冲上前去高唱爱情悲歌。追根究底，《芈月传》的制作团队不相信一个女人能成为政治家，不相信一个女人会为了江山亲手弑夫。

但是，鲜橙的《太子妃升职记》则从文本创作到影视制作都是完全网络化的，因而直截了当地展现了网络文学在宫斗之后的走向与诉求。穿越而来的太子妃清楚地明白自己在政治旋涡中十分危险，无论是丈夫太子，还是情人九王，都不是可以信任的对象。要想生存，就不能寄希望于下注，而是自己亲身上阵登上权力顶峰。身为女子怎么办？生个儿子、杀掉老公、成为太后！

如果说甄嬛登临太后的道路还是且行且看，迂回曲折，那么太子妃的"升职"目标就已经是清晰到位的了。为了这个目标，太子是丈夫，可以利用则利用，九王有情意，可以联手就联手，但是如果两人为了王权富贵先负了我，就不要怪我为了生存杀掉你。不想当太后的妃子不是好杀手，女人的人生目标不再是宫斗之中成为皇后——一个男人的附庸，而是成为太后——一个以权力获得自由的人。"宫斗文"至此完成了自己的内部演化：从期待爱情到爱情泯灭，从挣扎求生到探寻新路，男性不再是宫斗胜利的恩赐，而是宫斗想要诛杀的对象。网络言情小说不但解构了爱情，也进一步解构了男性，从而引领女性读者拨开爱情幻梦和权力意志交织的迷雾，在正视欲望、贴近权力之后，开始重视个人能力的无限潜力与自我意识的重建。

2. 从宅斗重塑主体

当宫斗文从女性内部的斗争走向极点，随后转变为以"弑夫"完成主体性确立的时候,大约在2009年前后,自"宫斗文"这一类型中又分化出了"宅斗文"。和宫斗相似,宅斗小说的女主人公同样身居深宅大院,围绕作为一家之主的男性配偶,和家族之中的众多同性展开钩心斗角。但是,和完全封闭、进退受阻的皇庭宫苑相比,家宅之中的斗争则多了一分进的空间与退的可能。从穿越文中对历史帝王的无限迫近到进入古代一般家庭的市井生活,这种后退半步的想象方式,反而为女性思考自我道路打开了全新的空间。

和《甄嬛传》等宫斗文的女主人公从怀抱爱情的美好愿望到爱情幻灭、热血变冷的转变不同,宅斗小说往往开宗明义地划清男女主人公之间的界线:夫妻之间,没有爱情,只是搭档。《庶女攻略》中,从现代离婚律师穿越而来的罗十一娘,则干脆拿出了"把老公当老板"的职业精神。既然"宫斗"之中,把残酷角逐已经解读得如同办公室政治,那么"宅斗"里面,不妨干脆就以职业化的原则来处理剪不断理还乱的后宅关系。自古"至亲至疏夫妻",西方启蒙主义理想培养的是基于平等人格和相互认同而来的"至亲",恩格斯的《家庭、私有制和国家的起源》则讲的是基于财产关系而形成的一夫一妻现代核心家庭的"至疏"。

生活中心怀爱情神话却屡屡面临物质上的经济压力和感情上的伴侣背叛,被现实社会以年龄、学历、收入、出身等标准细细评估计算的女性,干脆利落地彻底放弃爱情幻想,一头扎进古代的宅院之中。在那个原本预设就是"门当户对"的时代,尽力为自己选择一门好亲事,然后像对待一份好工作那样,兢兢业业、勤勤恳恳。摆平诡计多端的小妾和虎视眈眈的丫鬟、理顺几房亲戚妯娌的关系、培养属于自己的得力帮手和心腹嬷嬷,这是人事权;会打算盘、会看账本,既会置办田庄、投资商铺,又会花钱消灾、分好家产,这是财权。有了人事权和财权,硕大的后宅就能够和现代企业一样有机运转。治大宅如烹小鲜,接受过现代职场历练的当代女性,自然对宅斗主人公们的立足方式更感亲切。

这种宅斗小说嫁娶之间的"门当户对",和宫斗小说开篇的选秀入宫已经不同了。如同选择公司和职业要以合适为准,宅斗小说的女主人公在筛选结婚对象时格外冷静客观,最终的结果一般都会是入职"正妻"。

有了"正妻"的地位，才能成为当家主母，发挥才能展开工作。同时，当爱情已被悬置，夫妻在"名"与"实"之间，至少要选择一样作为婚姻关系可以维持的基础。宅斗小说《知否？知否？应是绿肥红瘦》（简称《知否》）中，盛明兰要为顾廷烨清理门户，就需要与他曾经的外室曼娘做好切割。在曾经爱过并且还有孩子的外室，与门当户对、势均力敌的正室之间，顾廷烨毫不犹豫地选择了后者，全权交给明兰处理。爱情是一个随时会改变、会消失的东西，而两人由婚姻缔结的契约关系却是稳定和持久的。作为缔约基础的彼此的能力与势力，则更加稳固到令人放心。搁置爱情、门当户对，成为宅斗类网络言情小说的共同选择。女性读者开始不再相信可以仅仅凭借感情，就能以小博大地取得总裁和帝王的青睐，于是后退一步进入家宅，寻求自我实现的可能。

以正室的身份进入家宅，女主人公角力的对象大多不是与自己争夺丈夫的姬妾，而是共同生活在一起的家族其他女性成员，婆媳、妯娌、姑嫂这类颇具日常生活气息的角色粉墨登场。女主人公与这些角色依次过招，每个人与家主的亲疏远近不同，诉求和手段也各异，这也就需要女主人公根据不同的情境恩威并施，调集资源，解决问题。和宫斗之中为了争夺皇帝其实相当随意的宠爱而进行的布局和取悦相比，宅斗更接近于智力和能力的客观考验，也就提出了新的问题——技能的学习和提高。

《知否》中就有这样一对相反的女性形象。穿越而来的明兰对自己的位置有清醒的认知，对感情和婚姻不敢抱有任何不切实际的幻想，因而从小就开始着意学习身为一家主母的谈吐礼仪、账务财政、教养子女的知识。"到了这个古代，才知道古代女人的生活方式才是最明智的，管理好财产，保证物质基础，然后爱自己，爱孩子，爱善意的娘家，偶尔爱一点男人，不要太多，上限到他找别的女人你也不会难过，下限在你能恰到好处的对他表现出你的绵绵情意而不会觉得恶心。"[①]明兰主动将对爱情的期待降低，对自己的要求提高，"家"是什么不太重要，学会"持

---

① 关心则乱:《知否？知否？应是绿肥红瘦》，晋江文学城，http://www.jjwxc.net/onebook.php?novelid=931329。

家"才比较重要。

与之相反，顾廷烨的外室曼娘，生在古代，却以传奇的穿越人物琉璃夫人为人生榜样，期盼跌宕起伏，路线却华而不实。就连顾廷烨也评价说："怯怯柔弱的神情虽很惹人怜爱，但哪家的高门正室是这副模样的；出身卑微不是错，但缺乏足够的教养，无法大方得体地待人接物；曼娘擅女红，能唱会跳，还懂些经济学问，然而见识浅薄，每每诉苦毕，接下来，就跟她没话说了。"① 实用主义的精神不仅贯彻在嫁娶上，还体现在日常中，生活的琐碎不是凭借浪漫想象就能克服的。宅斗小说在依靠局部冲突轮番上演来推动情节发展的同时，也不吝于在整体上以闲话家常的舒缓风格细腻地还原生活的本来面目，赋予具有烟火气的市井生活以审美价值。因而"宅斗"又常常与"种田"风格相联系，意指作品主线如同耕作田地一样慢慢推进。

另外，"宅斗"对技能的强调也突出了其"可习得性"。无论是主人公，还是读者们，想要在生活中、在职场上取得胜利，没有金手指，都是真本事。而本事都是需要不断学习和提高的。在一个虽然封闭但仍具有进退可能的环境空间中，遵循一套经过夫妻双方约定而成的基本规则，使宅斗的本质更加接近理想的职业竞争。所有波折和挑战，最终都转换为个人的财富——技能的提升或者个人的私产。

"把情场当职场，把老公当老板"这一逻辑的背后，一方面是当代女性逐渐将个人价值与爱情婚姻相互剥离，另一方面也反映了在人们存在生存焦虑的时刻，对于"感情"这一高风险行为的彻底回避。宫斗、宅斗言情小说中的女主人公，反而是"不敢动情"的，因为一旦动心用情，就会不自觉将现实利益放在后面。不但竞争对手会抓住弱点，给予致命一击，而且很有可能爱人也会反戈一击，连自己的身家性命都保不住。哪怕结为夫妻，最好也是相敬如宾，因为没有感情，就没有牵挂。一旦婚姻契约有所动摇，随时都能脱身离去。

正如一次闲聊中，顾廷烨对明兰的分析：

---

① 关心则乱：《知否？知否？应是绿肥红瘦》，晋江文学城，http://www.jjwxc.net/onebook.php?novelid=931329。

（顾廷烨）忽然一个翻身起来，面对面坐着，"倘若我迫不得已，得娶旁的女子，你会如何？"这个问题横亘在他心里已经许久了。

明兰一愣，呵呵一阵傻笑，"怎么会呢？"

"你会改嫁。"男人定定地看着明兰，口气十分笃定。

"…怎么会…呢？"明兰装傻，心里却觉着这蛮有可能的。

老父的往事始终笼罩不去，他不自觉地会拿自己对比。一比之下，颇令人沮丧，尽管自己极力不去想"改嫁"这两个字眼，但以这几个月他对明兰的了解，若真发生了无法抵挡之事而致使夫妻分离，那这死丫头顶多哀怨上三五天，然后十有八九会寻第二个男人来嫁的。

"而且，你多半也会过得不错。"他暗咬牙根。[①]

盛明兰和顾廷烨都很清楚，如果顾廷烨另纳小妾，违背了起初的约定，明兰作为妻子的地位和利益受到影响，她会毫不犹豫地离开，理智又冷静地清算退出，脱离这场被篡改了规则的宅斗游戏。明兰会改嫁，凭借自己的能力和资源，重新与他人组成家庭，继续自我的价值实现，而且"多半也会过得不错"。她具有的是一种强大而毋庸置疑的、不惜一切去幸福的决心，这种以自己为中心，而不把任何愿望寄托在另一半身上的心理预设，是她不断寻求个人能力提高的动力，为她带来了坚定的自信，极大地降低了她生活的风险系数，也为她提供了足够的灵活性。

伴随着这样一个近乎现代的独立女性，顾廷烨越了解、越"笃定"，但也因此对这段自己不能居于主动地位的婚姻，充满"横亘在他心里已经许久"的问题。最后虽然彼此挑明，但是除了"暗咬牙根"，也别无他法。只有遵循契约精神，让这段婚姻更长久地延续下去。

而宅斗以大家族集体生活为背景，以婆媳、妯娌、姑嫂为对象的钩心斗角，某种程度上促进了核心小家庭的凝聚和团结。基于血缘关系形

[①] 关心则乱：《知否？知否？应是绿肥红瘦》，晋江文学城，http://www.jjwxc.net/onebook.php?novelid=931329。

成的庞大家族，带有中国封建社会宗族色彩，在内部资源有限的情况下，家族内部的无情争夺，反而显得更加残酷和冷漠，也就使得刚刚组建的一夫一妻小家庭格外孤立无援。这种情境逼迫他们除了日常生活中尽职尽责、扮演好丈夫和妻子的角色，更要在突发事件出现时，无条件地信任对方，从而结成同盟，取得资源争夺的最终胜利。因此，宅斗的种种挑战，不仅是给女主人公的，同样也是给男主人公、给小家庭的。宅斗中的每个胜利都巩固了两人的利益共同体，也促进着两人形成情感共同体。

宅斗的故事发展到最后，核心家庭自封建宗族中逐渐孕育成型，对资源的需求使得核心家庭突破了传统封建宗族，而自立门户、寻求更广阔的发展空间。当宅斗的外界力量减弱、男女主人公彼此又都拥有充足的资源时，也就到了一段关系被重新审视的关卡。而当生存危机随着个人能力和独立精神的提升而减弱时，精神上的情感需求也就逐渐浮上水面。在自己具有了充足的抗风险能力之际，"爱情"重新成为可以考虑的选项。

自穿越文、宫斗文以来，网络言情小说常常笼罩在一种生存焦虑之中，这种焦虑本质上是女性已经无法通过传统的价值体系、通过爱情和婚姻来获得自我满足、社会认同。女性以自我阉割的方式放弃爱情，以不抱希望、不留后路的方式，寻求重新确定自我的方式，甚至以"弑夫"的方式杀死爱情中的男性角色，可以说，爱情小说至此已经跌入谷底，任何试图讲述爱情的故事都不再被相信。

而"不敢谈情"、关上心扉，并不意味着女性"不想谈情"、没有感情空间。当聚焦于女性个体的能力提升和事业发展能够为她们带来底气，而理想的情感关系中，男性又能够尊重女性的独立意志与新的情感契约时，触底之后的爱情也就为反弹回升提供了一线希望。

《庶女攻略》中，罗十一娘与徐令宜经历过风风雨雨，终于在结尾处萌生了一点超越相敬如宾的在乎与牵挂；《知否》最终，顾廷烨期待明兰为他"关心则乱"，也是在两个孩子出生、彼此敞开心扉之后。但无论这些涅槃之后的爱情萌芽多么微弱，它们成长的土壤，已经不是基于依附关系和阶层压迫,而是女性在"去爱情化"中逐渐生出的独立自我,以及从"合作"到"合伙"的彼此尊重、彼此信任与彼此成就。

三、从情敌到情人

1. 尊重失败者

让我们的目光重新回到这一部分的开始。这个"华妃之死"的段落,成为作品中连续数章紧锣密鼓的尔虞我诈之后一个难得的抒情部分。华妃作为甄嬛前期的主要敌人,战胜华妃不但意味着甄嬛的战略性胜利,而且杂糅了为死去的淳贵人、被陷害的好友眉庄报仇的快感,是在"比坏斗狠"的扭曲规则中"以你的规则战胜你"。这个属于经典"打脸结构"的爽元素,却没有为甄嬛带来快乐,而是让她感到了"凄惶和悲凉"。

甄嬛的悲凉首先来自对自己违背了与世无争的初心,也开始接受后宫的丛林法则的无奈。没有人可以置身事外,也没有人可以全身而退,心中或许有道德,但这里却没有对错。华妃今日的结果,可能就是哪一天自己走错一步的结果,因此甄嬛的唇亡齿寒之感也就情有可原。但更关键的是,甄嬛的悲凉还来自她对华妃一生超乎寻常的理解和共情:懂得她承欢的快乐,明白她纵横的原因,并且为她被皇帝所设计而感到震惊和后怕。对于华妃这样一个情敌,甄嬛虽然始终都不认同她的阴险手段,但是仍旧保持了一种尊重,特别是对华妃对皇帝的爱意和信任。

和对华妃的态度相似,甄嬛对后期的另一劲敌皇后,也保持了同样的尊重。皇帝去世之后,皇后也心悸而死,已经掌握了皇宫大权的甄嬛,没有再如当时那般执着于废后,而是表示"她想了那么多年的皇后之位,还是给她吧",并且示意礼部以"温裕"为谥号。德行宽柔曰温,性量宽平曰裕。皇后害死亲姐,德行未曾宽柔,嫉妒嫔妃,性量更不宽平,但是"温裕"却是她压抑着自己的本性和秘密,终其一生想要表演给皇帝、想要与纯元皇后比肩的形象。甄嬛揭露了她的狠毒,但最终还是成全了她对"皇后"其位其名的执念。

在《甄嬛传》中，具有给予封号、谥号，品评人物之权的，其实是一明一暗两人：皇帝在明，借助权力为人物盖棺定论；甄嬛在暗，借助第一人称分析并评价人物。在皇帝面前，关于女性的一切评价标准、个人价值，都是以这位强权男性的需求和偏好为标准的。因此，当皇后管理六宫、井井有条时，她是善解人意、温柔宽厚的结发之妻，但是当皇帝知晓了皇后统领六宫的手腕时，她又成了华而不实、不复相见的冷宫废后。皇帝刻意忽视的是，想要在由皇帝暗中挑动的后宫纷争中立足，任何邪恶的手段都是有可能出现的。而甄嬛的心理活动中展现的人物评价，恰恰是在极盛中看出奸佞，在落败后看到凄凉。

尽管甄嬛的所思所想也有其局限之处，但是作为女性、作为后宫斗争的见证者和参与者，她对失败者的尊重，呈现出了对男性强权评价体系的拒绝。甄嬛最终取得成功之后的凄惶，更是与这些失败者分享了同样的情感体验。《甄嬛传》能够赢得广大读者的共鸣，正是因为在这种虽胜犹败的"幸存"中，感受到了女性生存道路的稀少与女性主义话语的匮乏。

2. 爱上同行人

后宫之中，众多的女性会结成基于利益的短暂同盟，但是也常常面临利益冲突、反目成仇的困局。甄嬛的好姐妹安陵容，在甄嬛失势的时候逐渐投靠皇后；甄嬛的妹妹浣碧，也曾为了得到皇帝的青睐而一度为华妃传递消息。女性之间脆弱的结盟，似乎印证了波伏娃的观点："女人的共谋很少会升华为真正的友谊；女人比男人更加自发地感到利害一致，但在这种团结中，她们中的每一个不是朝着对方超越：她们整体朝向男性世界，她们每个人都想为自己夺取男性世界的价值。她们的关系不是建立在她们的特殊性之上，而是直接在一般性中体验：一种敌意因素由此马上渗透进来。"[①] 在目标相似的赛道上，似乎相互压制才是最终的结

---

① ［法］西蒙娜·波伏娃：《第二性Ⅱ》，郑克鲁译，上海译文出版社，2011年，第258页。

果，而被皇帝视为玩物的后宫女人，同样无法实现后宫秩序之外的彼此认同和彼此欣赏。

但是，伴随着后期甄嬛放弃爱情，以个人的生存和复仇作为前进的动力，女性之间的同盟关系则逐渐浮现出来。这其中既有叶澜依和甄嬛从表面爱皇帝、实际爱玄清的双重情敌，逐渐成为谋杀皇帝里应外合的搭档，更有眉庄和甄嬛历经风雨而从未动摇的友情。温实初暗恋甄嬛多年、甄嬛也曾利用温实初，但最终出于对现世欢好的祝福，甄嬛促成了温实初与眉庄的暗度陈仓。女性之间的友情超越了对男性的争夺和占有，女性同盟"包含着更多的由女性历史与女性心理整合而成的复杂行为。她们之间产生着丰富的内心生活，她们友爱互助"，最终呈现为"一个以反抗性别压迫作为心理投射的行为"。①

而《甄嬛传》的读者，则对这种女性同盟更为敏感。在晋江文学城和哔哩哔哩弹幕网，都出现了大量以甄嬛、眉庄为主角的同人作品，或是描写两人之间的真挚友情，或是将这种感情推进为朦胧的同性之爱。在个人意志的觉醒中，女性对于性别身份的认识更加强烈，男性成为遥远而空洞的能指，逐渐被视为他者，而在与身边女性的竞争之中，女性反而发现了彼此共享的情感诉求和价值体系，从情敌那里得到了归属和认同。因男性而起的女性分裂，逐渐在男性被抛弃时，开始寻找自我弥合的可能。这种弥合既是通过情感，建立起姐妹情谊和性别同盟，也逐渐在网络女性主义的萌发中诉诸政治想象，建立起了属于女性的王国。

---

① 林丹娅：《当代中国女性文学史论》，厦门大学出版社，2003年，第227页。

第四章
"强"的反转：
以女尊文、女强文为例

  我之前说过，这本书开初没有打算出版，直接奔网络读者去的，如果我早知道要出版，并有被传统作家评论的机会，这本书不会这么写，今天两位老师挖掘出的一些问题也许就不存在。但是，一旦不这么写，这本书也许在网络上，便不能拥有现在的接受度和地位，不能拥有今日因为在网文中比较代表和突出的地位，而被作协选中进行评论的机会。这是一个悖论，其出现的缘由是网络和传统之间，所存在的表达方式、价值取向、阅读视角的根本区别。

——天下归元在"网络文学作品研讨会"
上的即席发言[1]

---

[1] 天下归元：《网络写手面对比传统作家多很多的困扰》，中国作家网，http://www.chinawriter.com.cn/2012/2012-06-20/131783.html，发布日期2012年6月20日，查询日期2018年4月3日。

2012年6月28日，北京朝阳东土城路25号的中国作协大楼里，召开了一场"网络文学作品研讨会"。这场研讨会不但是中国作协首次对网络文学作品进行研讨，而且被安排在了10楼会议室——了解中国主流文学生产机制的人都知道，这间"中国作协10楼会议室"，几乎可以说是中国主流文学界的地标——能在这里召开研讨会，往往意味着某一文学现象已经成为不容忽视的热点问题，作协所代表的文学界希望借此机会为这一现象定下调，继而将其纳入评价体系。

在这次会议上，两位分别来自高校和作协的专家对网络作家天下归元的《扶摇皇后》进行了点评。在充分肯定这部作品在想象力与传奇性上的优点后，两位学者对作品的文学水平、篇章结构提出了一些善意的批评，这是文坛对刚刚崛起的网络文学通用的一种评价模式，也是两位深耕网络文学领域的专家对即将登堂入室的网文作者们的一种保护。

但是，轮到天下归元发言时，她忽然脱离讲稿，做出了上述那番回应。这番回应包含了十分复杂的心态：一方面，她知道专家们集中于《扶摇皇后》文学性的批评都是对的，甚至以她自己的鉴赏力来看，她也明白给传统评论家看的话，"这本书不会这么写"。而对曾经按照正常文学水平写过两部网络小说的天下归元来说，以《扶摇皇后》这么一部取悦读者姿态的作品而爆红，甚至让它成为自己的代表作，她是不好意思的。但另一方面，她更清楚的是，先前那种"正常文学水平"是没法红的、没钱赚的，也就不可能有机会坐在"中国作协10楼会议室"，这是很无奈的。她的这种冷静的自白，甚至刻意以"这是一个悖论，其出现的缘由是网络和传统之间，所存在的表达方式、价值取向、阅读视角的根本区别"这样只有经过现代教育体制培养才能拥有的表达方式来作结，让这番自白呈现出黑色幽默的味道。

在这次可以让网络文学在文坛获得名分的重要会议上，天下归元想强调的是，这本让她如此放低身段的小说，之所以还让她觉得"可堪安慰"的一点，是它让为数众多的女性读者建立起了情感共通，从中获得了勇气和信心。"对传统作家来说，甚至对男性读者来说，他们的立场和阅读取向，注定将很难和这本书建立情感共同体。"换言之，天下归元在意的不是他们"批得不对",而是他们"夸得不对"。这意味着网络文学之于传统文学,其最重要的迭代不是媒介的改变,而是网络文学借助媒介改变正在重新认识并尝试解决传统文学没能处理的问题。

天下归元的根本困惑也就由此而出,她需要得到解答的不是基于文学性的结构悖谬,因为以牺牲部分文学性而获得大量读者的策略缺陷,可以在价值观和世界观等方面得到弥补,带领读者以另一路径抵达深度。她需要解决的是基于性别问题的结构悖谬:与广大女性读者情感相通、心意相连,她们能够通过作品获得"积极和光明的精神信念",但是这种抚慰和支持大多只能通过一些空洞的女性权力想象来完成,女尊和女强的背后,甚至是男权体制的又一翻版。网络言情小说发展到女尊文和女强文,坦然直面欲望、重塑自我主体之后,是女性希望从更高的文明体系、社会制度角度来处理性别问题,从而找到在现实中改善自身境遇、超越男权体制的方法。

一、新规则的"设定"

网络文学与网络游戏之间具有密切的关系。很多源于网络游戏的元素早已经流通到网络文学中,并且成为创作上和阅读上均默认的基本前提。为网络文学中的女尊文、女强文下定义之前,必须先理解网络文学中的"设定"与"世界观"。在游戏中,会有一系列区别于现实世界的规则秩序,基于这些规则秩序,游戏的逻辑才能够顺利进行。而对游戏当中的个体与群体来说,这些规则一旦在初始时已确定,就会被顺畅无误地接受,成为某种不会被打破也不会消退的"共同记忆"——既包含游戏世界人物之间的"意识形态",又包含事物之间的"科学原理"。这一系列规则秩序,就被称为"设定"。具体而言,从内容上看,微观上包含各个人物的成长经历、性格能力、活动范围,宏观上包含历史事件、地理版图、社会政治形态、物理规则、道德标准、奖惩体系。

例如,在桌面游戏《三国杀》中,设定所有参与游戏者的身份有且只有主公、忠臣、反贼、内奸四种,一旦抽选完成,就不可改变;在网络游戏《梦幻西游》中，婚姻系统里"结婚"的条件是游戏中两位尚未结婚、分别扮演男女角色、等级≥30级、互为好友且友好度≥1000、其中一方拥有一间已经入住的房屋的玩家，在缴纳50万两结婚费用后，可以结婚。这一系列条件中，既有"单身"这个与现实社会法律相符的条件，又有"异性、有房"等与现实社会一般情况相符的条件，还有等级、友好度、结婚缴费等基于游戏运转而产生的条件。游戏设定与现实世界有相同，也有不同。

一个游戏包含的众多设定，从功能来看，又可以分为人物设定、美术设定、参数设定、世界设定等。其中，"世界设定"通常被称为"世界观"，是游戏设定的核心所在。世界观主要包括游戏中虚拟社会的历史、政治、地理、文化、物理等基本方面。构建或提及一个游戏的世界观，最重要的是其中的系统性和自洽性。人们评价一款游戏，除了操作是否流畅、参数是否合理之外，最重要的还是它是否构建了一个宏大、完备、自洽的世界观。例如，单机游戏《仙剑奇侠传》之所以成为经久不衰的经典作品，就在于其构建了一个包含神界、仙界、魔界、人界、妖界和鬼界这"六界"的仙侠世界；网络游戏《魔兽争霸》的拥趸甚众，也是因为其构建出了发生在艾泽拉斯大陆上的部落和联盟两大阵营相互争霸、13个种族群雄并起的格局。

严格来说，"设定"和包含其中的"世界观"，并不起源于游戏。早在16世纪，英国著名思想家、空想社会主义者托马斯·莫尔就完成了《关于最完美的国家制度和乌托邦新岛的既有益又有趣的金书》，也就是今天所说的《乌托邦》一书。书中充分描述了作者关于理想之国的种种设想，这可以说是"设定"的不自觉的诞生。到了19世纪，西方文艺运动中，作为现代性产物的一种，产生了"现实主义"的概念。与之相对，"虚构世界"才获得现代意义，并由不自觉走向自觉。而在接下来20世纪的文艺创作中，对虚构世界的描摹更是数不胜数，宗教世界也是其中之一。这些创作帮助人们理解了现实社会的非唯一性，但是此时对虚构世界的设定往往是由创作者完成的，受众只有选择进入与否的权力，缺乏与之互动、进行改变的权力。

直到技术革命后，电子游戏迅速普及，提供了让游戏玩家参与进行设定的可能。大型游戏的制作团队往往不会将设定细化到方方面面，而是放出充足的留白，让玩家自由发挥，调整出属于自己的设定，构建出个性化的世界。例如，一个常谈常新的话题，就是"大家利用《模拟人生》做了哪些匪夷所思的事情？"高端玩家可以根据制作团队提供的接口，自行撰写代码、制作补丁包，开发出诸如同性结婚生子、人物捏脸非人类化等新的设定。而网络普及之后的网络游戏，则从多人在线、实时互动的角度，提供了让个人设定得到大众认可的机会。这既体现在可以在游戏的庞大版图中偏居一隅，无视打怪升级的官方指导思路，而是一砖一瓦地建造自己的小小王国、吸引其他玩家；也体现在与他人结成公会，在社群内部形成一定的线上及线下的约定；还体现在玩家可以在现实生活中向游戏制作公司做出反馈，使其修改调整设定。

诸种文艺形式总是相互影响的，如果说前网络游戏时代，文学创作还停留在博尔赫斯《小径分叉的花园》式的基于文字的逻辑游戏，那么在网络游戏时代，产生的则是网络文学中层出不穷的各种崭新的"类型"。类型的背后是"设定"的逻辑，而"设定"的背后则是对现实世界从秩序到构成秩序的权力进行质疑、拆解甚至颠覆的力量——"即将任何朴素意义上的'现实世界'或者某种'神圣秩序'统治下的'尘世世界'打碎，从原先总体性的叙事中抽离，变成飘浮孤立的'元素'"。"这样先'要素化'再'设定'然后开始'故事'的基本艺术逻辑是'模拟'而非'摹仿'，也就是一开始就预设那些虚构设定为假，而这种'模拟'所在意的'真实'是一种混合了'情感真实'和'规律真实'的较为复杂的织体。"[1]或者可以将这些"元素"表达为"模块"，模块之间的组合遵循一定的规律和惯性，但并不遵循某种必然的途径。经典组合被广泛接受，甚至人们对其熟悉到了不言自明的程度，就形成了"设定"。

当基于游戏培养出的"设定"逻辑延伸到网络文学中，人们追求的

---

[1] 傅善超:《再议大众文化的物化与乌托邦》，未刊发，转引自邵燕君《从乌托邦到异托邦——网络文学"爽文学观"对精英文学观的"他者化"》，《中国现代文学研究丛刊》2016年第8期。

就不再是文学对现实生活的表层拟真——这对具有深厚的现实主义传统的中国文学来说不啻于一次颠覆，而是试图通过社会政治的各种模块之间的重组，按照人类政治经济学的基本规律，以自身真实的内在情感和欲望为基础，改造或创造出新的社会形态，从而进行思想上的政治制度实验。

这种带有思想实验性质的创作倾向，之所以能够在网络文学中兴起，除了媒介变革和游戏思维之外，还有赖于网络文学的生产机制。在网络文学长达几十万甚至上百万字的创作中，作者很少有能力在一开始就设定好全部走向，更多的创作一方面是靠故事里的人物在情境中自己做出选择、人物带着作者走出来，另一方面则是靠连载过程中读者的留言、评论和互动，特别是在"脑洞"很大的设定中，由读者和作者共同决定了在作者提出的设定之下故事将会如何发展。因此，这种思想实验也就不仅仅只是一个人的臆想，而是一群人共同参与的结果。这种思想实验的"材料"，是人类社会的文明与经济发展到今天，人们已经产生却没有在现实世界得到实践的种种"另类可能"。穿越、仙侠、玄幻、女尊……网络文学中这些看似怪力乱神的架空世界背后，隐藏着的是对现实秩序的全新设想。或许这些幻想世界永远不会成为现实，甚至很多通过思想实验就已经发现了其中的弊端，但是它们仍然在潜移默化中影响着现实，带领着人类的思想探索向更为深远的方向发展。

二、女皇的登基与退场

1. 女儿国的历史

建立一个遵循母系氏族统治规则，甚至只有女性的王国，在中国传统文学作品中很早就有这样的想象。成书于战国中后期至汉代初中期的志怪作品《山海经》，记录了各种远古神话，其中就曾经描述过"女子国在巫咸北，两女子居，水周之"[①]的女儿国。在这个因水而隔的小小国度

---

① 袁珂：《山海经校注》，上海古籍出版社，1980年，第320页。

里，女性两两搭档共同生活，完全没有男性，也不需要男性。

而大唐贞观年间，僧人玄奘留下的《大唐西域记》，在对西行取经途中见闻的记录中，描述了现实存在的"东女国"："世以女为王，因以女称国。夫亦为王，不知政事。丈夫唯征伐田种而已，东接吐鲁国，北接于阗国，西接三波诃国。"①女儿国有女性也有男性，但是女子控制政权，男子有名无权、"不问政事"，形成了统治阶层的明确性别分工。而在日常事务中，男子虽然负责"田种"，但也负责"征伐"，显示出与男权社会中性别分工相似的一点，对男性在身体上的优势也有所承认。这一地理位置描述如此详尽、基于沿途真实见闻形成的记述，在当时的《旧唐书》《新唐书》中也有描述和记录。通过相互佐证中可以得知，在隋唐时期，大约西藏西北部靠近印度的山区中，确有一个以羌族为主的女性为王的国家。这一现实存在为后来的文学创作提供了丰富的资源。

中国"四大名著"之一、明代吴承恩创作的《西游记》，就在《大唐西域记》的基础上，演绎而生了家喻户晓的西梁女儿国。从国王到庶民皆为女性，国中女性到了20岁，就可以去取护城河子母河的水喝下，然后即可怀孕，而且所生都是女儿，以这种方式完成人口繁衍。《大唐西域记》中的东女国仍旧是有女有男的社会，而《西游记》的创作则刻意让女儿国中的男性处于缺席的状态，从而引发唐僧师徒四人来到之后，女儿国国王与唐僧的情感纠葛——她们不是排斥男性、不需要男性，而是没有男性、内心深处对男性有着情感需求。

清代李汝珍《镜花缘》中的女儿国，虽然也有男子生活，却遵循着"女尊男卑"的规则，"男子反穿衣裙，作为妇人，以治内事；女子反穿靴帽，作为男人，以治外事"②。在女性的统治和主导下，女性强势有力，男子则驯顺而有柔肠。李汝珍的笔下，这个从国王到辅臣都是女性的国家中，女性充分展现了自己的智识和能力，而且在长期女主外、男主内的社会结构中，男性的生理体能优势并不明显，女性也毫不逊色。该书以神话中天庭各位仙子的纠葛为缘起，以"十二名花"仙女托生、主人

---

① 玄奘、辩机著，季羡林等校注：《大唐西域记校注》，中华书局，1985年，第651页。
② 李汝珍：《镜花缘》，上海古籍出版社，2011年，第145页。

公游历各国寻访展开了凡间故事。人世间的女皇武则天开"女科",录取百名才女相聚"红文宴",女子们琴棋书画、医卜音算,论学说艺、各显其能,勾勒出了一幅女性充分施展魅力与才能的画卷。《镜花缘》中的"女儿国"并非猎奇,而是透过全书故事,体现了作者对女性的尊重和认可,以及对男女平等的希望。

网络文学女强文、女尊文诞生之初,就是从这些古典文学中汲取了大量资源。穿越小说兴起,女性穿越回古代,却因封建制度而被拘于深宫大宅的一角,内心的欲望无法得到满足,现实的焦虑却不断在加深。于是,女性向网络文学的创作,逐步开始尝试脱离具体的历史情境,不再追求如何将一个穿越过去的现代女性不露痕迹地放入古代,让既定的历史自圆其说,而是基于某一朝代的背景,进行改编和演绎,创作出女性逐渐强大、掌握历史主动权的故事。这类小说就成了早期的"女强文"。

早在2004年,晋江文学城就出现了部分女强小说。蒋胜男的《凤霸九天——大宋女主》是以宋朝第一个临朝称制的女性刘娥为原型的小说。这位历史上与汉之吕后、唐之武后并称的传奇女性,一直不为今人所知。蒋胜男将这一历史人物挖掘出来并加以演绎,以《宋史演义》中对刘娥的评价"有吕武之才,无吕武之恶"为基础,充分描写了刘娥在真宗后期独揽大权、真宗驾崩临朝称制时,利用高度中央集权而进行的终结天书运动、结束朝臣党争、发行纸币交子等具有重大政治经济改革意义的举措。对刘娥才干与魄力的这一系列展现,是这部作品的故事基础,但刘娥身披皇袍前往宗庙祭祀却又屡次拒绝称帝,行帝之实而不愿有帝之名,则成为这部小说想象的极限。

随后的2005年,同样是在晋江,梦过千秋月的《爱江山更爱美男》、湖月沉香的《折草记》先后出现。这些作品逐渐从男权社会中女性掌权、获得自我实现,转为尝试设定一个基于女权的社会,但是普遍文笔不佳、篇幅不长,影响力也都比较有限,女尊作为类型的特征还不够明显。直到宫藤深秀的《四时花开》开始连载,女尊小说才开始显露出类型化的特点。这部小说的主人公主动穿越,却在意料之外进入了凤栖国,成为女皇的亲姐妹小王爷瑞珠。这里女尊男卑，女性出将入相、成就事业，男人则留守家中、时不时争风吃醋。这种男女颠倒性别的社会秩序，恰似《镜花缘》中的女儿国。而《四时花开》进一步杂糅了《西游记》女儿国饮子母河而孕的元素，设定凤栖国中的男性通过吃琼果而怀孕生子，从而推出了"男性生子"这个女尊文的典型元素。小说并不着意于构建一个完备的女性统治社会，而是通过性别倒错，在网络言情小说于性别局限中左右掣肘之际，撕开了一条新的缝隙。《四时花开》的文学水平一般，无论是语言还是情节，其实都算不上优秀，"女尊"设定、三个男妃围绕一个王爷百般取悦的描写，某种程度上也是对网络文学男性向爽文的一种直接反转，并无任何制度性创新设想。但是即便如此，这部小说仍然以75万字的篇幅和较大的影响力，将"女尊文"这一类型完整地呈现了出来。

2. 女尊文的模式

在穿越文2004年前后以"清穿三座大山"的诞生作为顶峰之后，后续的穿越逐渐分化出多种不同类型，其中"接受既定规则、杀出一条血路"的宫斗文，在2006年开始发轫，而"改变原有规则、书写另类秩序"的女尊文，则在2008年至2010年迎来了一波创作高潮。在女性向网络文学重镇的晋江文学城，"女尊"此时开始成为一个固定标签，截至2012年8月，作品库中标签为"女尊"的作品就有将近11000部。不过，带有强烈颠覆意味的女尊小说，更像是一个思想实验空间，而不是一个批量产粮的田地。在这一波短暂而猛烈的爆发之后，女尊文在增长速度上快速衰减，2015年10月的总体存量为将近13000部，2017年12月的总体存量为将近15000部。与此同时，虽未标明"女尊"，但带有鲜明的女性称帝元素的作品却在悄悄增多，这些作品质量普遍高于单纯的女尊文，探讨的性别问题和制度困境也更加深入。"女尊"从类型的角度完成了突围，留下的遗产则在各个其他类型，以及网络言情小说的转型中得以体现。

作为一种完全架空、高度幻想的小说类型，女尊文内部的分类其实是多种多样的。从女尊文的"设定"来看，主要可以分为以下三种模式。

第一种是母系社会。小说中的主人公一口气穿回远古时代，进入母系社会尚存的时空，根据真实存在的历史环境和社会基础展开想象。女性处于主导地位，但是男女分工基本合理，性别搭配符合当时的生产力水平和社会进程。穿越而来的女主人公一方面将现代的科技和知识传播到古代，另一方面也在古代母系社会的规则和秩序中获得自我实现。例如，《穿越母系社会末期》中，女主人公从现代穿越到母系社会向父系社会过渡的时期，凭借现代知识成为族长，一边带领部落抵抗来自外界的侵略，一边带领同族女性对抗部落内部男权的野蛮生长。在这一模式中，也有更加原始的部落氏族，女性地位崇高以致成神，从而对男性兼具了宗教统治与政治统治的设定。

母系社会模式的女尊文，带有两个明显的特征。第一，它们是所有女尊文模式中相对最有现实基础、考虑真实历史背景与文化习俗的一种。在很多细节的设计上，不会流于简单粗暴的玛丽苏，而是希望在尽可能还原历史的状态下进行探讨。例如，与母系社会搭配的婚恋模式往往是走婚制度，所以小说的设定也是对偶婚而非专偶婚，主人公最后的伴侣虽然是固定的，但夫妻之间并未形成真正意义上的现代婚姻。第二，作为作者和读者的化身，女主人公清楚地知道母系社会不会长久，随着生产力的发展，社会模式会逐渐转变为父系社会，因而竭尽全力避免女性失去统治地位，或者至少不要进入父系社会。女主人公穿越而来，在利用先知优势牢牢掌握住生产力、强化母系社会优点的同时，将父系社会的萌芽不断扼杀在襁褓之中。这一类型的女尊文，试图将人类进入现代化过程中的民族解放、性别解放并列进行，但性别优势汇聚的解放力量又让性别平等无法完全展开；试图在母系社会的框架下完成生产力改革，但最后的关键往往又回落到"穿越优势"上。

第二种是性别颠倒。在这类女尊文中，不但女性的社会角色和男性完全颠倒，生理特征上也是男女颠倒。女性成为皇帝国王，自由从事任何职业，这已经是女尊文的标准配置，而除此之外的"附加福利"，则是不同作品有不同的设定。例如，《找个女人就嫁了吧》中，女性可以一妻多夫、任意休夫，而男性就要以妻为尊、守贞守节；《落魄妻主》中，女性在身体上也较男性更加孔武有力，"据柳瑛的估计，两人身高大约在一米七左右，照现代的观点来看实在算不上残疾人士，然这是个女尊世界，女子身材魁梧强壮，多半在一米八以上，而男子的身高则要低很多，一米七以上的已属罕见，这么计算来，却又不得不承认自己矮小"①。而如同《四时花开》那样，男人通过各种方式怀孕生子，也是这一模式的常见设定。

性别颠倒模式的作品，延续了男权社会几乎所有的基本架构，只不过是在性别上完全颠倒。这类在女尊文中占比最多的作品，十分坦诚地表达了女尊文诞生的初衷：桐阁鹤阙在《赘妻》的第一章节末尾表明"本文是毕业季压力太大发泄的产物"②，小叉也在作品《青之翼》章节后的"作者有话说"中表示"这篇文章纯属我郁闷发作之下的产物"③。现实社会中的性别歧视，带给女性沉重的压力，特别是在"毕业季"这样求职、升学的特殊时期，女性感受到的不公更加明显。为了纾解这种"郁闷"，一部部女尊文才由此诞生。这些"我若为王"的幻想，将她们在现实中遭受的挫败归因为性别结构，抚慰了女性在现实世界中受到的创伤，也为女性带来了简单而短暂的作为性别强者的快感。如同波伏娃在《第二性》中谈到的，"压迫给压迫者带来好处，连最卑贱的压迫者也会被迫感到优越。连最平庸的男人在和女人相比时，也会觉得自己非同凡响"④。女性通过女尊文中性别颠倒的压迫，获得了作为压迫阶层的快感。不过也正是在这种性别颠倒的体验中，女尊文逐渐从最初的发泄、纾解发展到真正开始站在性别强者的角度，思考如何改变一尊一卑的零和游戏，打破基于性别建立的牢固壁垒。

第三种是女少男多。这一模式严格来讲不是数量上的女少男多。就目前的社会现实来看，中国的性别比例已经是女少男多，同时女性的生

---

① 风过水无痕：《落魄妻主》，晋江文学城，http://www.jjwxc.net/onebook.php?novelid=450050。
② 桐阁鹤阙：《赘妻》，晋江文学城，http://www.jjwxc.net/onebook.php?novelid=2783399。
③ 小叉：《青之翼》，晋江文学城，http://www.jjwxc.net/onebook.php?novelid=143174。
④ ［法］西蒙娜·波伏娃：《第二性 II》，郑克鲁译，上海译文出版社，2011年，第20页。

存现状却未从根本上得到改变。女尊文中的女少男多，则更多的是指在一个高度文明的社会中，女性数量的稀少导致其成为具有较高地位的优势资源，男性则与之相反，从而形成了以女性为统治力量的社会空间，亦即数量、地位、优势呈线性相关。在这种模式里，女性具有更大的社会活动空间，可以充分实现个人价值，但是男女的生理特征仍然和现实中一致。例如，《米虫的春天》中，主人公王慕翎的母亲连生四个儿子之后才有了她，而孔夫人家则是连生十个儿子，绝望之中的第十一个才是女儿，立刻激动得泪流满面。

对当下人口性别失衡的忧虑，乐观的想象是中国网络文学中的女尊，悲观或者说现实的想象，则是加拿大女作家玛格丽特·阿特伍德的《使女的故事》。后者讲述了在未来某个时刻，由于性别比例严重失衡，为数不多可以生育的女性被圈禁起来成为行走的子宫。事实上，随着对于性别失衡带来的负面社会效应的广泛宣传，这类模式的作品已经越来越少。

3. 女性向的实验

总体而言，如果给女尊文下定义，可以将其视作一种以女性为主角、发生在女尊男卑架空历史中的网络文学类型，大多数由女性创作和阅读；在女尊男卑的设定中，女性在现实社会遭受的不公和积郁的不满得到抚慰与宣泄，同时，现实社会默认的性别法则被完全颠倒，呈现出陌生化，从而引发了对于这套性别规则的重新审视。

女尊小说的创作，是对"男女平等"愿景之下"男尊女卑"现实的一种揭露与戏仿。"戏仿"是网络文化中用来回应现实的一种惯常的修辞手法，它对已存在的"原作"的某种艺术创造进行游戏式的临摹。这种游戏式临摹不是以复刻和重现作为目的，而是在这个模仿过程中，加入自己的修改和加工，从而在表面上看起来相似，实质上则是新的艺术创作，表达了与之不同，甚至相反的思想态度。在巴赫金对戏仿的解读中，戏仿本身就包含着"双声语"，戏仿文本和原文本具有对抗性和间离性。在现代主义语境中，戏仿的运用还是为了批判和揭露，仍旧默认存在一个有序的世界，但是在后现代语境中，戏仿则成为对逻各斯中心主义的彻底解构，是面对严密而庞大的传统惯性，以轻蔑的表情和无力的实质展开的解构。例如，唐纳德·巴塞尔姆用"暗黑童话"《白雪公主》对格林童话展开戏仿，约翰·巴思的《烟草代理商》是对美国历史、英雄史诗典型框架和亨利·菲尔丁流浪汉小说的戏仿，托马斯·品钦的《万有引力之虹》同样是用"反英雄"的方式完成了对传统侦探小说的戏仿。后现代的戏仿，质疑的不仅是原文本，更是其背后传统的中心主义价值观，甚至是文学和语言本身。

在中国的网络空间中，网民的促狭之处就在于，有话绝不好好说。"戏仿"表达，代表了长久以来人们对一些话题做出回应的方式。各类大小新闻的主角常常是一些公众人物，掌握着多数网民不具备的知识、权力与影响力。而对他们的某些言行，人们能够感觉到有违常理，但又很难进行快速而精准的反驳，于是就以戏仿的方式进行回应。虽然不能一针见血，但就偏要不断模仿、附和，并且悄悄加以渲染、故意将其推向极端。于是原先隐匿一隅的漏洞，便被不断放大，及至人尽皆知，而由此不证自明。例如，微博中，在女性遭受猥亵、强奸等社会新闻的留言里，经常有某些男性用户以"穿这么少，看着就不正经""夜里独自出门，活该遇到坏人"等带有明显性别偏见和性别歧视的话语回复。于是当偶尔出现男性受到性侵害时，留言区便会迅速被粘贴进上述针对女性的指责，从而呈现出原话语的荒谬性。这些"戏仿"，通过模仿与附和——加的手段，达到了剖析与解构——减的结果。传统论战中，常常是论辩双方你一言我一语，真刀真枪地交锋，最后分出胜负，然而进入网络时代，面对手持倚天剑的对手，网民索性扔掉水果刀，冲将上去，对准他的屁股就是一脚。若是对网民挥剑相向，可算是胜之不武；真要不理不睬，屁股上那一脚又实在是痛得厉害——这种无法回应，就是网民此类做法的高妙之处。

到了网络文学的创作中，女尊小说则成为对男权社会的戏仿回应。在占女尊类型绝大多数的性别颠倒模式中，作者仿照现实社会的男权制度，建立了一套女权统治秩序，并且形成了一套独特的话语体系。在女尊文中，与"皇帝、皇后"对应的是"女皇、凤后"，与《女训》《女诫》

对应的是《男训》《男诫》，男性有守宫砂，要经历怀孕生子之苦，生下的子女还要随母亲姓氏……在早期女尊小说《太平》中，女主人公太平的父亲年轻时婚配的过程是被这样描述的：

  年轻的君霂意气风发……没将追逐自己的天下女子看在眼里，连那中宫之位也是不屑一顾……与青梅竹马一块长大的家仆之女约好，招妻入赘传承君家门楣。①

  这段文字非常值得玩味，一方面这里面充满了我们熟悉的情节，例如，追求情人、入主中宫、主仆青梅、入赘成婚等，但是每个情节的具体表述，却都和我们的习惯完全相反，于是有了天下女子竞相追求男子、男子的至高荣耀是中宫之位、家仆之女的性别地位比家主之子更高、妻子需要屈尊入赘承担传承的责任等。这些表述举重若轻，流畅自然，但是对很少接触女尊文的读者来说，往往需要读上两三遍，才能够弄明白这其中到底是怎样的性别权力关系。也就是在这一过程中，读者需要不断克服男权先入为主的惯性思维和常用词汇，才能顺畅接受新的女尊世界。而这种将"习以为常"重新拉开距离、陌生化的过程，也就是对男权制度形成反思、反抗的过程。

  不过，也正是借由对男权的戏仿，女性创造出一套属于自己的话语体系，表达了对女性欲望的强烈彰显。这其中既有权力欲望、身体欲望，更隐含着一种成为强势性别、凌驾于男性之上的强烈渴望。对女尊这样一个具有颠覆性的设定来说，处于自我抒发状态的早期作品，都具有典型的自娱自乐与狂欢特质。正如巴赫金的狂欢理论中描述的，戏仿作为一种双层文本的对话，是下层反抗上层、自由反抗禁锢的特殊方式，"越小的东西战胜越大的东西，观众就越觉得开心，因为表现的颠覆性越强"②。然而，这些作品在对男权的戏仿中不由自主地将其演绎得愈加夸

---

① 书闲庭:《太平》，晋江文学城，http://www.jjwxc.net/onebook.php?novelid=100134。
② 洪晓:《狂欢精神给大众文化带来的影响》，《新闻爱好者》2011年第11期，第16—17页。

张、虚假,当两性完全颠倒时,达成的结果并不是男女平等,而是加深了霸权的基本结构。

早期女尊小说表现出的这一倾向,立刻在内部得到了反思。在《女国》中,穿越到女尊男卑社会的女主人公李霄雪,面对为了实现男女平等而不懈努力的恋人寒尘,也表明了自己的心声:

> 我的家乡曾经奉行男尊上千年,到我离开的时候所谓男女平等也还没有真正达到。我不过是效仿我们那里男人的阴险手段,改良之后与你探讨。说实话,我也是女人,自然不愿意见男人没了约束再次压倒女人。但是我觉得极端的男尊和极端的女尊都不可取。[①]

作者借由女主人公之口说出的这段剖白,表明此时的女尊小说已经从早期的发泄、抗议和幻想中逐渐走出。女尊小说对于现实性和实用性的敏感,是一种高度自觉的行为,它没有在意识到这一类型的主要作用是"爽"之后,就故步自封地安稳于此——这是大多数男性向类型文为了留住人数众多、消费力强的"小白"读者都会做出的选择,而是开始思考如何通过小说的创作探讨两性之间的关系,贡献真正具有现实意义的思路,解决身为女性的读者遇到的现实问题和情感困惑。

这种改变在网络言情小说的范畴中,首先体现于选择一个世俗意义上价值最低的伴侣。当男权社会中,女性的首要价值在于外貌,在与之相反的女尊小说里,则出现了《穿越之女尊丑夫》《穿越之家有丑夫》等作品。在早期女尊小说中,刻意突出对男性外貌的描写,并且十分阴柔娇媚,众多男性对女主人公极尽讨好之能事。而这些女尊丑夫的作品,则一改早期女尊风格,男主人公不但丑,而且因此遭到各种女性的欺辱,但女主却能够看到他们内在的品质、才干与担当,愿意和他们白头偕老。

这种反其道而行之的选择,体现的是对既定秩序的反叛,是不基于男权或女尊而对个体作为人的价值进行的独立判断。与此同时,这种选

[①] 人间观众:《女国》,晋江文学城,http://www.jjwxc.net/onebook.php?novelid=904439。

择也体现出了女性眼中的理想情感：不因任何外在条件而被褒贬评价，而由自己的内在得到认可、人格得到尊重。

从早期的愤懑发泄到中期的反抗与打破，女尊小说在后期的创作中开始自觉地引入女权思想，并将其作为建造这座虚拟王国的脊梁。作者一寸相思在《妻主》开篇的设定中明确提到了波伏娃的《第二性》，"女人不是天生的，而是被塑造的"成为《妻主》中构想女尊社会的依据。①作者黑暗中凝聚则在《姬的时代》的末尾撰写了《关于女权》的说明，讲述自己的创作新路和对女权的理解，表示"待遇平等远比意识的平等更容易实现"，而她的最终目标，则是在小说中建构"一个正常的意识形态下女性得以充分展示优势的理想世界"②作者钦差对于女尊文的功能和意义则有更进一步的思索，她将自己的晋江专栏命名为"女尊可行性试验基地"，通过一系列的女尊小说创作，与读者交流自己对女权的看法。在钦差的《蛮之醒》中，女尊世界不是"女尊"，而是"尊女"，正视性别差异，并且在差异的基础上展现女性的特有优势。花木柔的《穿越女主就是这么高大上》，富有价值的则是其评论区。读者针对文中的性别设定大胆表达自己的想法，引发了评论区围绕生育、歧视、性别认知等问题的激烈讨论。这些讨论不一定会形成某种结论，却让潜伏在日常生活中、极易被忽略的种种问题浮出水面，从而在离开小说、离开网络的日常生活中，促使人们同样关注和思考身边的性别问题。

在这些后期的女尊创作中，很多作者都从文字背后冒出头来，直接和读者展开交流，宣传自己对于女尊女权的见解，打破传统文化中对性别的刻板印象，矫正此前女尊文中对男女性别的简单颠倒和性别压迫，重新梳理对于个人价值、性别价值的认知。尽管这些作者对于女权的认识不一定非常深入，受女权思想影响而创作出的作品也不一定就是合格的女权小说，但是这些努力却具有非常重要的意义：作者与读者这些来源广泛、基数众多的女性，第一次能够会聚在同一空间，阐述自己对于性别困境和女性权力的理解，并且将其付诸笔尖，以思想实验的形式，

---

① 一寸相思：《妻主》，起点女生网，http://www.qdmm.com/MMWeb/1036405.aspx。
② 黑暗中凝聚：《关于女权》，17k 小说网，http://www.17k.com/chapter/14943/730905.html。

展开对社会制度、文化理念的探索，从而将网络言情小说对女性的抚慰、感动和激励，导引向"网络女性主义"。

后期的女尊小说所具有的另一个建设性，就是在性别问题之外，更加注重对个体价值的自我探索。"妇女解放不仅仅意味着经济上和政治上的解放，还应该包括妇女本人以及社会对她们存在的意义和价值的正确认识。"[①] 只有女性充分认识自我的价值，并且追求自我价值的实现，女性的解放才是由内而外的自发行动，才不会因依托于社会结构或妇女政策而产生各种波动。

《女权学院》中的女主人公苏瑞，可以选择在校期间随意偷懒摸鱼，毕业之后也能够轻松地找到一份体面的工作，还能够娶一个优秀的男人，但是她却忽然对这种生活感到不安和不爽。她本以为赛艇只是一种生存手段，但是当她假想一下自己再也摸不到飞艇，却意识到这是她最深爱的、不能离开的事业。苏瑞暗恋的男人，是大哭一场就能解决的，但是赛艇不是，她的事业和梦想也不是，这些是她可以与之分享荣辱、分享生命的东西，也是她标定自身的锚点。

在女尊文中，作者以纵横捭阖的想象力，为我们展现了女性丝毫不逊色于男性的能力，和与男性完全不同的优势：在女性的领导下，世界往往处于和平状态。女性在领导文化教育、社会舆论和经济建设上，都有特有的性别优势。相较于现实社会中，女性要承担社会工作和家务劳动的双重任务，劳动价值社会化的途径也饱受性别歧视，女尊小说构想的世界则成为她们对现实不满的一种表达：在这里，她们终于可以摆脱家务劳动，在社会的广阔天地中毫不设限地施展自己的才干。这些对于女性独特优势的挖掘，也在潜移默化中教育着读者，促使她们发现自己、相信自己，争取更多的机会施展才干。

在穿越类型的基础上，女尊文提供了开展思想实验、寻求突围方法的途径，但并不意味着这一类型没有自身的缺陷。"即便将阅读者群体看作能动的受众，其可以根据与自我的相关性来对小说做出判断，将小说

---

① 张洁：《方舟》，北京出版社，1983年，第123页。

与日常生活相分离，舒缓现实中的愤懑后对不满意的现实安之若素，却不能阻止其将这样一种人生视为理想。"[1] 不可否认，在数量众多的网络文学中，大部分作品的水平其实不高，能够完成从早期发泄到中期反思再到晚期建设的作者和作品都是少数。因此，当大多数读者抱着"今日不爽、想看女尊"的心态，看到了一部男女性别倒转、女性充分压迫男性的作品，并且爽过之后也不愿意进行更多的思考时，反而是对强权和压迫结构的另类加固。

另一方面，女尊小说固然可以以性别颠倒获得不同的视角，但是某种程度上也是将性别问题进行了简单粗暴的处理。特别是女尊小说普遍采取"男性生子"的设定，导致少数仍旧遵循"女性生子"的女尊小说被这一类型的忠实粉丝指认为"伪女尊"，认为带有生育属性的性别不可能在竞争中占据优势、整个女尊系统的设定毫无可信性。这一论断的背后，是部分读者仍旧以快餐化的方式，甚至复仇式的心态追求阅读爽感与短暂麻痹，对自身性别缺乏认同，甚至进一步加剧了"生育是弱势、女性是低等"的错误思维。如果现实世界中客观存在的性别差异不被接受，在此基础上的男女平等也就无从谈起。

女尊小说虽然在短暂的爆发之后迅速回归，但是作为网络言情小说的一种类型，在为女性提供更加宏观的性别视角、探讨性别平等的可行性出路上，起到了至关重要的作用。虽然女尊作为独立类型而言，作品的水平比较一般，但是此后的许多网络言情小说都会部分地加入女尊或女强元素，从而让作品脱离与男性的痴缠爱恋，走向更广阔的天地，大大提升了整体创作的格局。

三、"她历史"的呈现

1. 女强文：如何继承遗产

女尊文与女强文存在着非常紧密的互动关系。一般来说，以女性作

---

[1] 王小英：《网络文学符号学研究》，中国社会科学出版社，2016年，第145页。

为主人公，描写其奋斗、成长的人生历程，并且在此过程中，女主人公普遍强于男性配角的作品，都可以称为女强文。女尊文则可以视为女强文的加强版。两者的区分标准在于，女尊文中已经设定好了一个女尊男卑的社会秩序，女性成为统治阶层是一种默认的路径；而女强文中的设定，有的属于虽然男女皆可掌握权力、登临皇位，但是女性需要经过艰辛的自我证明，有的属于接近历史现实的男权社会，女性通过其他职业和途径完成自我实现。女尊文的诞生，是女强文发展到一定阶段的产物，也即网络空间人们思想实验的内容从个人改良走向制度改革、从量的积累到质的飞跃的过程。女尊文兴盛时，女强文也在同步发展中补充着同一领域低度幻想的创作空间；女尊文衰落后，其留下的思想遗产、开拓的创作空间和仍待解决的问题，则由女强文一一继承。

潇湘书院的签约作家天下归元，就是这样一个承接了思想实验也承接了问题困惑的女尊遗产的继承者。天下归元的文化水平和文学素养其实很高，无论是接受采访还是会议发言，都有条理也有见解，自述看小说喜欢现代作家作品，池莉、王安忆、须一瓜、迟子建、刘震云都是她喜欢的作家，说起传统作家金宇澄尝试在网络论坛上发表《繁花》，也有一番自己的思考。2008年开始在潇湘书院连载处女作《燕倾天下》时，天下归元还有出版之梦，对自己作品的质量有所要求。因此小说题材偏于正剧风格，取自明朝朱棣时代，为此她还专门查阅资料以求准确。小说文笔优美、人物比较丰满，在潇湘书院的作品中应属上乘。按照潇湘书院的规则，作品收藏人数超过1000，才有机会成为"VIP作品"，也就是俗称的"入V"，入V之后才能进入读者付费订阅、作者获得收益的通道。但是就是这样一部作品，在潇湘书院连载长达一年，总计写作70万字，却因为点击率和收藏量太少，连V都没有入。也就是说，这部作品属于完全免费，不能得到任何收入，甚至只能算是文学爱好者的自娱自乐。

天下归元在这样的压力下，开始了第二部作品《帝凰》的创作。她在女强的框架中加入了重生、复仇等网络文学流行元素，读者反馈比《燕倾天下》稍有好转，但是仍旧表现平平。这种在网络空间都没有热度的作品,想要再进行纸质出版基本是不可能的。在两次试错之后,天下归元彻底放弃了先网后纸的出版想法,转而决定创作一部具有网文气质、能够大受欢迎的作品,于是就有了2010年的《扶摇》。为了让小说更加通俗抓人,她随后将作品名称改为《扶摇皇后》。

尽管一直希望书写的是宏阔背景下女性的成长,以百万字长卷展现心中的大开大阖,但是天下归元在"玄幻步步升级的设定,很容易引起读者的追逐兴趣"和"对于女性网文读者来说,没有爱情一本书就不能看"①这两条原则下,将《扶摇皇后》设定为玄幻世界中女主人公征战五洲、制衡七国,在多位优秀的男性间做出选择,最终与心爱之人携手君临天下的故事。为了迅速积累人气,在开始连载后长达四个多月的时间里,天下归元几乎每天更新都在万字以上,以狂飙突进的速度,成为霸榜之作,一举成名。

随后,天下归元以女强作为标签,以言情书写权谋,继续创作了《凰权》(2010)、《千金笑》(2011)、《凤倾天阑》(2013)、《女帝本色》(2014),并且部部火爆,成为潇湘书院的大神级作家。然而这些火爆的背后,难以掩盖的是一个曾经两度失利的作家对受欢迎套路的勉力维护,以及作者希望追求的女性主义探索和一般女性读者爽感需求的矛盾、个人写作原则和迎合读者口味之间的反复权衡。

这些火爆的作品名为"女强","天下""争霸""皇权帝业""万古千秋"等带有浓重权力意味的词语频频出现在文案宣传中,但是作品开端首先展开的却是"去野心化"。《凰权》的女主人公凤知微寄人篱下,长年受辱后奋起反抗杀人,在逃亡之中进入青溟书院、卷入储君之争,继而揭晓了自己前朝公主的身份,为了生存不得不以攻为守、夺权上位。《女帝本色》的女主人公景横波,本是穿越到大荒世界的现代人,误打误撞转世成为大荒女王,但也不愿动脑、只想追求爱情,打定主意做个傀儡女王,最后被情势所逼才走上权谋之路。文案中的"大词",是作者和

---

① 天下归元:《网络写手面对比传统作家多很多的困扰》,中国作家网,http://www.chinawriter.com.cn/2012/2012-06-20/131783.html,发布日期2012年6月20日,查询日期2018年4月3日。

读者心照不宣的秘密，但主角的"野心"，却是需要先行撇清的对象。作品需要展现"女强"，但又要论证这种可能冒犯社会刻板印象的女性强悍是不得已而为之，这是作品的第一重矛盾。

在天下归元的小说中，伴随女主人公建功立业的一定还有爱情，但是爱人却往往以反派的面目出现。《帝凰》中重生的皇后秦长歌，怀疑自己前生是被枕畔的皇帝一手谋害；《扶摇皇后》中穿越的孟扶摇，亲眼见到心爱的恋人另娶他人，成为她独立自强的动力；《凰权》中的凤知微与宁弈一路互相算计，后者更是屡次试图杀死知微，身份揭晓的两人成为前朝公主和当朝皇子，剑拔弩张到了极点；《女帝本色》中的景横波，更是在只想做贪恋美色的傀儡女王时，被深爱的宫胤伺机造反、逐出皇宫。于是，"爱情"对女主人公来说，成为一种矛盾的存在：她们心中有情，并且将其放在很高的位置上，但是回报却是背叛。爱情不再可信可靠，甚至十分危险。只有自己强大起来才能生存，只有长久拼搏厮杀才能换来半刻安宁。这种路线，实则继承了宫斗文与宅斗文的生存逻辑，并且将其从后院引入前朝，书写了更加残酷的斗争。不过，这种"不信爱情"的成长开端，往往又会被添加一个"爱情重归"的登基结尾——看似劲敌的爱人，其实曾在暗中相助，只是在用这种方式促使她独立、成熟，一旦女主人公君临天下，爱情与事业则一并降临。在天下归元的小说中，对于爱情既需要又怀疑，既将其视为危机又将其视为奖赏的态度，成了第二重矛盾。

女性的争霸之路，区别于天生野心，起始于情感危机，实际操作上则是付诸女扮男装——女性必须进入既定的男性统治秩序，从外在形象到行事手段都假扮为一个男性，才能够具备入场资格。从《帝凰》《扶摇皇后》到《凰权》，女主人公易容之后得到赏识、封官晋爵，又成了一种固定套路。在此过程中，无论是明处的友人，还是暗中的爱人/敌人，都尽心竭力地帮助女主人公。女性的成长之路，更像是一个在大多数男性的正向关照和一两个男性的反向激励中，共同完成的一场"养成"游戏。女性之强，仅仅体现在完成了一场既定赛道内的比赛，看似战胜了男性的竞争对手，却仍旧未能在男权统治体系中有任何突破和超越，这则是这些作品的第三重矛盾。

女尊文在2006年至2010年的高潮，为网络言情小说打开了新的天地。这一类型以"天生设定"的方式，帮助女性想象出了一个"我若为王"的世界。短暂的发泄之后，女尊文留下的思想遗产逐渐分散到各种类型之中，但是如何消化与融合，则是一个需要慢慢解决的问题。因为这不但要求作者具有一定的写作水平，还需要读者达到了相应的层次，可以理解并接受这种欲望模式的变革。对天下归元来说，她能够清楚地感知网络女性主义的进步之处，并且希望将这种思考展现出来，然而引领思潮的前提，是在大多数读者中间具有影响力，这一影响力又要求作者迎合人数最多的那个读者群体——在潇湘书院中，则是中学文化水平的年轻女性。必须以违背传达内容的方式去传播它，这是天下归元创作中的最大悖论，也是她在2012年的那次"网络文学作品研讨会"上试图自辩又无力自辩的根源。

2. 大女主：如何塑造形象

网络文学与影视的联动作用日益密切，网络言情小说的影视转化率更是相当惊人。女尊文和女强文的诞生，网络女性主义的涌动，反映在资本与影视上，就是近年来出现的"大女主"概念。传统影视中有男主角和女主角，通常男性占据故事的中心位置，从而成为实质上的绝对主角，戏份最多的女性角色也只能是实质的配角。而"大女主戏"则是指由女性角色占据故事中心，以其成长经历为主线，着重刻画她的奋斗历程与传奇一生的影视作品。已经播映的"大女主戏"包括《甄嬛传》《芈月传》等热门大剧，也包括《如懿传》《知否？知否？应是绿肥红瘦》等热点之作，以及《楚乔传》《凤囚凰》《锦绣未央》等争议剧集，还有更多标签为"大女主"的影视作品正在制作之中。

"大女主戏"呈现蜂拥霸屏的状态，首先是与网络言情小说中的女强作品大量涌现密不可分。网络文学作为大众文化的重要组成部分，不仅提供了文学资源、思想资源，更以相对较低的成本和较快的速度，培养了消费群体和消费习惯。在消费社会中，女性成为文化产业最大的消费群体：高度职业化的中国女性自身具有消费能力，工作压力和社交需要又刺激了她们的消费欲望，网络文化中女性主义的影响又让她们不吝于分享和表达，进一步扩大了影响范畴。然而，以往统治荧屏的家庭伦理剧中提供的"贤妻良母"形象、偶像剧中提供的"傻白甜"形象，已经不能满足现代都市职业女性的自我想象，她们在网络文化中得到的自我认知需要新的想象来投射和代入。因此，经过网络读者筛选的女强小说便成为影视公司的不二之选，"大女主戏"成为满足这一群体消费需求的文化产品。

在供需关系的另一端，则是影视生产体制中，女演员对这类题材同样怀有浓厚兴趣。"大女主戏"在表现女主一生成长的故事中，给演员留下了充分的表演空间，特别是前有《甄嬛传》这样的经典作品，不少期待磨炼演技、展示演技的女性演员希望出演"大女主戏"。此外，演员的身价与行业评级息息相关，而行业评级则需要有自己担当绝对主演的代表作品，体现出对观众的号召力，也即所谓的"扛收视""扛票房"。在大量影视以男性为绝对主演的情况下，类型保险、具有受众基础的网络文学改编的"大女主戏"便具有了优势。

大量涌现的"大女主戏"，普遍获得了高度关注，但是随即也引来了争议：号称为观众呈现出女性强者成长历史的作品，真的还原了网络文学中的女性主义探索吗？真的做到推陈出新了吗？

以2015年的电视剧《芈月传》为例，该剧在宣传伊始就打出了"中国历史上第一个被称为'太后'的女人"这张王牌，带给了观众无穷的想象：一个女人，是如何从蛮荒时代的男性附庸，显影成为历史的缔造者，让诸侯秦国成为一统天下的大秦帝国的？同时，她又是如何以"太后"之名，隐身于历史的重重帷幕之后，重新将权力交给男性的？然而开播之后，观众却发现，荧屏上不是古朴大气的先秦传奇、女政治家的壮阔人生，而是花红柳绿的后宫琐事、"灰姑娘"式的爱情模板。

女主人公的不幸，开始于一个男性的离去，然后被后母、姐妹等各种女性同胞欺负，最后结束于另一个男性的到来。这种典型的灰姑娘故事，成了电视剧《芈月传》解读芈月的方式。剧中，芈月从小靠卖萌撒娇获得父亲楚威王的宠爱，父王驾崩之后，"继母/嫡母"楚威后、同父异母的公主姐妹芈茵对她百般刁难，天天要负责打扫庭院、浆洗衣服，每集都恨不得要被人说一遍"她也是公主？怎么打扮得这么破旧"，最后饥寒交迫、遭受诬陷之时，只能等待心上人黄歇来拯救她。关键是，灰姑娘的故事，讲一遍还不够，在芈月离开楚国、抵达秦国时，同样的故事又来了一遍：黄歇在伏击中下落不明，欺负她的人换成了秦国的魏夫人和一干妃嫔，最后异母姐妹芈姝也加入了"欺负芈月豪华套餐"，又是一遍住小黑屋、穿破旧衣，最后被秦王解救了出来。芈月的人生中，没有捧书夜读，没有师友论辩，没有指点江山，拜个师父和认个干爹没什么差别，就是为了以后的剧情里有个外挂智囊团。所有遭遇的不幸，都是因为失去了男性作为靠山；所有悲剧的终结，都是因为找到了新的男性靠山。

人们对芈月形象的影视化充满期待，而看到电视剧之后却难免失望，其根本原因在于，小说中，芈月是一个超越了传统性别规范的人物，拥有多种解读的可能性。芈月在朝堂论辩中，敢以男女之事来做政治比喻，一生恋慕宠爱过的男性同样数不胜数，可以肯定的是，她对自身的欲望，无论是爱欲、情欲还是权欲，都是可以直视的。她不是不认同自己的女性身份，"不想当女人"，非要去做男装花木兰，而是高度认同女性身份，同时高度不认同社会对于女性的规范与禁锢。对于"女性不能做"的秩序与成见，芈月不是要改变"女性"身份，而是要挑战"不能"的限制，这才是她的超越性魅力所在。

当小说《芈月传》费尽心思从五千年历史中找出一个大秦宣太后，用女政治家的谋略和眼光，试图超越人们对女人"只会心机宫斗"的想象时，电视剧《芈月传》却"一朝回到解放前"，选择用最老土的灰姑娘模式来塑造一个用爱感动世界的"白莲花"。网络文学相对于影视文化，当然仍是小众，影视化过程中对女性主义激进程度的适当调整也可以理解。但是，这样以"女性主义"作为宣传噱头，讲述的却是灰姑娘、傻白甜、白莲花这些男性视角故事的作品，几乎成了资本涌入、投机成风的影视行业中的"大女主戏"的现实。

其实，参照"大男主"创造"大女主"概念，在响亮的口号下无力创造新的故事框架，最终只能新瓶装旧酒。"大女主"面临的困境，其实和"女尊文"的性别颠倒、"女强文"的进退矛盾，具有相似性。既然凭空创建一个理想的性别故事讲述方式如此之难，以至于一不小心就会借用旧有窠臼，女性主义的创作是否还有其他的前进途径？在思想的改革之下，实践层面的改良是否可行？于是，网络文学女性向的创作，从架空历史、进行思想实验的女尊文，转向落地现实、关注爱情实践的都市言情。重新回到爱情的"甜宠文"，成为新的风潮。

第五章
"甜"的底气：
以职业文、甜宠文为例

当你拥有了一个聪明、傲娇又忠犬的男友……

约会时，他说："我对这种事没兴趣。不过如果你每十分钟亲我一下，我可以陪你做任何无聊的事。"

吃醋时，他说："与我相比，这个男人从头到脚写满愚蠢。唯一不蠢的地方，是他也知道你是个好女人。"

做爱时，他说："虽然我没有经验，但资质和领悟力超群。顺便提一句，我的观察力也很好。"

求婚时，他说："言语无法表达。如果一定要概括，那就是——我爱你，以我全部的智慧和生命。"

我把他从孤独的世界，带回繁华温暖的都市。

> 他却牵引着我，从平静平凡的生活，走向刺激又肆意的人生。
>
> ——丁墨《他来了，请闭眼》宣传文案①

2015年，可谓正午阳光制作团队的收获之年。暑假期间，电视剧《伪装者》将符合主流意识形态宣传的抗日题材，以特工谍战的快节奏、强刺激类型搭配家庭情感的细腻、温馨刻画，亦张亦弛地表现出来，为"爱国主义"重新找回了血肉之躯，引爆了一轮收视热潮。而这一年国庆前后，电视剧《琅琊榜》以"家国天下"为表，在用宏大话语争取主流认可的同时，悄然间以"情义千秋"为里，对胜利形象与英雄品质进行重新讲述，获得民间的理解与共鸣，再次成为收视与口碑双赢的经典作品。在这样霸屏数月的背景下，接棒《琅琊榜》亮相的《他来了，请闭眼》，自然也颇受期待。

如果说《伪装者》展现的是正午阳光对传统题材现代化重述的把控、《琅琊榜》显示的是他们对网络文学主流化改编的能力，那么《他来了，请闭眼》则是一次全方位的大胆探索：周播剧、推理题材、甜宠风格。

欧美日韩等成熟文化市场中的周播剧制度，一直是中国希望学习的模式。这种模式不但能够让作品的播出周期更长、影响力更大，更有助于接下来形成边拍边播的制作模式，及时根据观众反馈调整剧情，以类似网文连载的方式形成互动。推理题材则是对中国城市年轻人群趣味的一种摸索，刚刚进入中产阶层的这一群体，对于形成具有区分度的"文化自我"有着强烈的需求。受美剧、好莱坞电影、日本推理作品影响，犯罪、悬疑、推理、侦探等"烧脑片"成为他们的心头所爱——这类影视作品，一方面对他者来说够精英，必须具有现代教育体制培养的文本解读能力才能看懂并欣赏；另一方面对自我来说又够通俗，犯罪所具有的刺激元素、智力对抗带来的爽感，适合满足他们消遣娱乐的基本需求。这一发展趋势，在随后的几年得到了更充分的体现：2016年的《法医秦明》、2017年的《心理罪》《心理罪之城市之光》《嫌疑人X的献身》以

---

① 丁墨：《他来了，请闭眼》，晋江文学城，http://www.jjwxc.net/onebook.php?novelid=1857985。

及《白夜追凶》，此类作品井喷式的涌现充分说明了正午阳光的先期尝试在方向上的正确。

甜宠风格则是正午阳光从网络文化中提取出的又一热点。经历过虐恋之痛、穿越碰壁、宫斗触底与女强反弹，经历过对爱情的依赖、质疑与重拾，人们对网络言情小说的欣赏口味回到了相知相恋的模式。在晋江文学城已完结作品中，标签为"甜文"的作品，发表日期在2005年到2010年的合计仅有77部，但接着就呈现出逐年上升的态势：2011年53部，2012年91部，2013年173部，2014年爆发性增长为1601部，2015年继续飙升到3480部，2016年为4969部，2017年为7480部，2018年为10722部，2019年为11859部，2020年为12298部。① 从女尊热潮回落的2012年左右开始，甜宠类型迅速崛起，成为网络言情小说的新趋势。

在大众影视领域，这种趋势虽然比网络文学迟滞，但是仍旧显现了出来。2013年《致我们终将逝去的青春》形成一种文化现象之后，一大批以激烈冲突、复杂情感为特征的青春电影大量涌现。此类电影中有个特别的桥段，就是主人公总要经历堕胎，仿佛不打掉一个孩子就不算爱过，以至于被观众评论为"你们的青春都在忙着打胎"②。而2015年台湾电影《我的少女时代》在两岸热映，简单甜美的校园暗恋受到好评。2016年网剧《最好的我们》、2017年网剧《致我们单纯的小美好》清新甜蜜、CP发糖，也纷纷收获超高点击量与好评度，昭示着这种口味的改变已经从小众影响到大众。

在这一背景下反顾正午阳光的《他来了，请闭眼》，虽然在播映时只是表现不错，并未形成热议，但是这一风格选择却实实在在成为此后的甜宠影视之风的先导。原著作者丁墨自2013年由《如果蜗牛有爱情》《他来了，请闭眼》开始的一系列甜文创作，也为她奠定了新任大神的地位。

---

① 数据统计时间为2018年4月，更新时间为2023年11月12日，统计人薛静。
② 蔡小弥：《你们的青春都在忙着打胎》，http://movie.douban.com/review/7235448/。"青春片打胎忙"的话题，最早在豆瓣小组"八卦来了"被讨论。这篇总结性影评发布后，虽然没有形成文化事件，但是被各个网媒广泛转载并认同。

在《他来了，请闭眼》的首页文案中，形容男主人公的关键词是"聪明、傲娇又忠犬"——这三个词的背后，是女主人公/读者的观察视角。"聪明"是相对客观的智商评价；"傲娇"则在性格判断中暗示着观察者不但已经洞察对方，而且对此流露出一丝娇纵与宠爱，洞察且容忍的基础则是智力上的势均力敌；"忠犬"彻底显示出两人之间牢固的亲密关系。在接下来的场景描述中，约会、吃醋、做爱、求婚，共同勾勒出女性对理想男性的要求：日常陪伴、情感交流、身体需求、生命交融。相较于网络言情小说此前的"霸道总裁""无情帝王""男臣忠仆"，这个形象最为接近现代心理学中描述的理想亲密关系伴侣。更重要的是，这种关系的维系是相互的，女性带男性进入新的世界，男性带女性进入新的高度。这样一种近乎完备的情感关系，其基础是健全与健康，两个人都不再有需要通过爱情或恋人来弥补的缺憾，结合因而成了锦上添花，甜宠因而成了日常情景。

纵观丁墨的写作之路，则会对此有更进一步的认知。2013年之后，丁墨的作品呈现出两种关键元素的交替：上述两部甜宠之后，是标签为"女强"的《美人为馅》，然后又是《乖宠》和《他与月光为邻》的轻松甜文，继而再来一部《莫负寒夏》的女性商场奋斗文，然后又是《暮色降临时》和《乌云遇皎月》的专情甜文。在动辄百万字的网络文学中，丁墨始终保持每部作品30万~50万字的长度，因而能够在一年之内推出多部作品，在作品与作品之间寻找平衡。这样甜宠与女强交替出现的现象，恰也说明了甜宠这一类型与女强的密切关系：甜蜜的爱情依托于女性的强大，而女性在职场和人生上的打怪升级、蜕变成功，最终会落脚于一场不费心、不设防、承得住宠也给得出爱的爱情。

一、从职场小说到职业文

1. 市场、中产与"职场小说"

"职场小说"的兴起，与中国市场经济体制逐步成型、社会资源获取模式由增量竞争变为存量竞争密切相关。20世纪80年代的改革开放，让中国逐渐确立了社会主义市场经济体制，国家的经济组成部分由苏联以"人"为导向的"单位"转为西方以"物"为导向的"公司"。前者追求将个体组织进集体，完成对人从身体到精神的规训；后者则建立在规章制度与责任制度之上，以激发个体活力、提高劳动效率为目标。及至90年代，各类私营企业、民营企业、外资企业如雨后春笋般出现，高校扩招产出了大量具有较高个人素质和工作技能的劳动人口，"公司职员"取代了"单位职工"，成为社会活跃群体。

然而，公司经济的高度活跃，是以中国的人口与政策红利和世界的政治经济局势为基础的。2001年中国加入世贸组织，在全球化的激烈竞争中，政府经济政策开始逐步向国内倾斜，以往对年轻的顶尖人才最具吸引力的外资企业面临红利消退的命运。1997年亚洲金融危机与2008年的全球金融海啸，将公司制度掩藏在"人性化"外衣下的逐利和冷酷暴露了出来。同样是以"提高效率"为目标，以往的各类精致的激励手段，被危机面前简单粗暴的优化裁员取代。作为公司之中的个体，生存的首要挑战从向外开拓、为公司拓展业务版图的"外争"，变成了在公司内部复杂的权力关系和资源争夺中取胜的"内斗"。

今日已经习以为常的"职场"一词，作为在老词"官场"的基础上形成的新词，也就产生在这一时期。工作和职业形成"场"的背后，是"人"的重新出现，然而从"官"的求胜到"职"的求生，又在微妙间说明了这些斗争的残酷。"人"的重新出现，并非"公司文化"被"单位文化"替代，而是在生产资料和劳动产品这些"物"的基础上叠加"人"的因素，因而显现出一种复杂性。"办公室政治""职场哲学"这些词语的诞生，说明遵守制度、追求效率已经不能满足竞争要求，人际关系中的学问成为新的"痛点"。

社会经济结构的转型，对文学领域的第一个影响，是"文学失却轰动效应"。从"以阶级斗争为纲"到"以经济建设为中心"，文学不再因政治宣传作用而被时代赋予特殊的地位和意义。在高度发达的商业社会中，技术手段提供了多种多样的休闲娱乐方式，人们对文学的需求从消遭和审美转向实用的答疑解惑，希望从中找到生存和生活的经验与智慧，让个体更好地在现实中立足。而第二个影响，则是文学生产机制的商业化。"在商业化趋利机制的介入与运营下，这一文化创造与消费过程就不再具有独立自主性，而是形成自主创作与策划制作相结合、自主消费与被诱导消费相结合的模式，当代中国本土职场小说正是在这一文化生产与文化消费的独特模式下崛起。"①

针对痛点展开的文学创作，让失去了政治地位的文学搭上了商业文化的快车，然而站在"畅销图书"书架上与"官场小说""厚黑智慧""青春文学"并列的"职场小说"，经常遭遇传统文学评论者对其文学性的质疑。究其根本，"职场小说"的出现，仍旧是这个时代的焦虑与欲望的一种表征，其在文学历史与结构中占据的位置，不是源于"拥有文学"，而是它本身即是整个社会的后现代存在的一种文学性表征。马尔库塞担忧的是，"异化的作品被纳入了这个社会，并作为对占优势的事态进行粉饰和心理分析的部分知识而流传。这样，它们就变成了商业性的东西被出售，并给人安慰，或使人兴奋"②。而职场小说的空间在于，它本身虽然是商业性的一部分，却通过这种商业性与数值化，直观地反映了被主流话语忽视的某些客观趋势，并且与身在其中的商业逻辑秩序不时拉开距离，并且不吝于提出抗辩。中国职场小说在"给人安慰""使人兴奋"的抚慰与激励之外，并不服膺于单纯的"对占优势的事态进行粉饰"，为此后媒介革命中网络文学职业文的诞生留下了空间。

2006年，王强的《圈子圈套》成为首部以"职场小说"明确定位的作品，为人们勾勒出了这一类型所要表现的范围与对象。2007年的《杜拉拉升职记》在一年之内达到百万册的销量，成为已经日薄西山的纸质出版的销售神话，也向人们展示了这一类型所具有的巨大市场空间。2008年崔曼莉的《浮沉》，则在微软大中华区前总裁陈永正离职的新闻中诞生，一方面通过网络连载的方式，将职场小说对现实快速而敏锐的反应

---

① 闫寒英：《中国当代职场小说的文化价值》，《求索》2010年第6期。
② [美]赫伯特·马尔库塞：《单向度的人：发达工业社会意识形态研究》，刘继译，上海译文出版社，2008年，第52页。

体现得淋漓尽致,另一方面也在从外企斗争到国企改革的市场经济画卷中,展现了这一类型可能触及的文学深度。随着职场小说在对象、广度与深度上逐一得以确立,绝望沧海的《一个外企女白领的日记》、秦与希的《米娅,快跑》、舒仪的《格子间女人》等一大批同题材作品蜂拥出现,线上的天涯论坛和豆瓣读书设立了职场小说的标签,线下的大小书店则为占据畅销榜单的职场小说开辟了专架,职场小说呈现出一片繁荣。

职场小说作为纸质出版的最后一场狂欢,从内在上蕴含了两个变革性的元素。其一是"网络"。为职场小说开疆拓土的《杜拉拉升职记》和《浮沉》,都是先在网络上崭露头角,随后进入纸质出版并扩大影响、形成现象的。虽然它们都是在论坛、博客这样非文学网站的网络平台首次发表,但是已经说明文学原创力量的阵地正在媒介变革中悄然改变。其二是"女性"。正如水木丁在评价《杜拉拉升职记》时所说的,"这本书的出现,让中国的出版人突然恍然大悟,原来中国的职场女性是一个如此巨大的图书消费群体,她们对成功的渴望,并不亚于这个国家里的男人"①。不同于新中国建立初期妇女解放、参与工作的使命感,理想主义的碎裂和爱情神话的破灭,让当下女性对自我实现和事业成功的态度,与其说是"渴望",不如说是"必需"。然而,公司文化严苛的等级制度和男权思维,以及老生常谈的事业与家庭平衡理论,禁锢着女性作为自由个体的发展。大量畅销的职场小说选择以女性作为主人公,即是看到女性面对职场问题的复杂和求取答案的迫切:她们必须遵循公司体制,以数倍于男性的努力一步一个台阶地走上高峰,同时又将站在高峰之后对这一体制的反思和反叛作为最终目标。

与此同时,公司文化体现出的男权色彩,不仅压抑着女性,也扭曲着男性。在等级分明的管理体系中,性别压迫与阶级压迫往往是同构的。"父权制是一种以男性为主导的统治,它并不意味着作为个体的男性是一个'统治者',个体的女性是被动的'被统治者',作为一种制度形式,女性像男性一样参与到这种女性统治中,男性也像女性一样受到这种统

---

① 水木丁:《职场小说的罗生门》,豆瓣读书,https://book.douban.com/review/1953644/,发布日期2009年4月8日,查询日期2018年4月3日。

治的限制。"① 男权体制与社会达尔文主义的一个共谋之处在于，它基于母亲对孩子的孕育、从母系氏族到父系氏族的改变，将男女两种性别之间的生理和心理横向差异定义为两个种类之间先进和落后的纵向差异，从而形成牢不可破的线性时间观。

在职场中，职业的发展被视为向上的阶梯，是一个连续不断的、具有方向性的路径。薪水多少、职位高低成为衡量职业发展，乃至个体价值的唯一标准。而在这一过程中，竞争向上的另一面则是成王败寇，竞争失败者甚至不能留在原地，只能作为前朝政敌被扫地出门。职场文化同时又与白领群体形成的中产阶级密切相连，这些通过社会变革而弯道超车、通过自身努力而不断加油从而形成的中国新阶层，开始面临社会由激烈变革走向秩序稳定的一个残酷现实：上升的通道越来越狭窄，但下滑的通道却始终敞开。一方面，自己稍不留神就会一婚返贫、一育返贫、一病返贫；另一方面，与自己同一阶层的中产者们非但没有团结形成牢不可破的力量，反而屡屡出现内部倾轧——从成都几个小区为争夺学区房划片而展开的比收入、比职业、比出身的"中产阶层内部踩踏事件"，到《凤凰周刊》特稿"绝不让娃和没英文名的小孩交朋友"的"中产教育鄙视链"，优胜劣汰、不进则退的丛林法则再次冷酷无情地浮现出来。当男权体制雄性竞争的线性时间观通过职场的潜移默化成为生活乃至人生的评价标准时，社会当中的绝大多数人都将成为受压迫者。

纸质出版的职场小说对于从职场到社会的丛林法则提供正视、抚慰与策略，已经是完成了一件文化商品的基本作用，而"女性"元素的强势崛起，却让这种现实在双重叠加下显得格外触目惊心，也让抚慰和策略显现出了内在的虚假。职场小说提出的这些问题，成为媒介变革后，网络文学中的"职场文"的起点。

2. 网络、女性与"职业文"

网络文学从宫斗文的低谷反弹到女尊文的高峰，是长久以来压抑的

---

① 佟新：《社会性别研究导论》，北京大学出版社，2005年，第5页。

女性对自身性别特质的认同、性别权力的张扬的一个集中爆发，而在高度幻想的社会实验过后，探索在现实生活的范畴中将这些理念贯彻实施，则是从女尊回落到女强的过程。女强文进一步与现实生活相结合，则产生了网络言情小说中的职业文。

职业文和传统文学出版路径中诞生的职场小说略有不同。职场小说的生产机制建立在社会经济体制改革、中产阶级的诞生与人们的职场生存焦虑的基础上，更大程度上是文学出版商业化后，应市场之需的工具理性的产物。它就如同现代人的"保健品"。人们对自身能否在社会肌体中良好运转产生了担忧，这种担忧普遍而空泛，不至于成为让人异化的疾病，却令人显得不够健康。按照福柯对于健康政治的概念，人需要进行自我规训才能够再次恰当地融入群体。而帮助人们完成这种自我修正、疗愈的中介就是职场小说。职业文则更像"维生素"。它不是源于"避免更坏的忧虑"，而是源于"追求更好的努力"。它的外延，是人们对他人生活的好奇心和未知生活的探索欲；它的内核，则是网络言情小说的作者和读者走到今天，对个人价值终将实现的目标再度鼓起信心。

正如麦克卢汉在《理解媒介》中预言的那样，媒介正日渐成为人的延伸，21世纪的赛博空间正借由现代科技逐步形成。然而，在个体能力延伸、人类与客观事物距离缩短的背后，是人与人之间的关系在这个时代被重审。网络诞生的初衷在于使"天涯若比邻"，拉近人与人之间的距离，空间概念在网络平台上已经不能成为沟通的阻碍。但是，这却并没有能够让人们变得更平等、更统一、更包容，相反，人们在网络空间中更注重表达，关心和自己强关联的事物。而为了取悦用户的互联网服务与科技，在通过算法筛选推送信息的过程中，强化而非补正了这种兴趣偏好。作为传统媒体的网络时代幽灵——门户网站日益衰落，以微信、微博为代表，主动挑选自己感兴趣的内容而形成的自媒体阅读矩阵，和以"今日头条"为代表，被动接受机器算法推荐出的"我猜你喜欢"的新闻及论点，正在构成当代中国人获取信息的主要途径。在海量的信息世界中，人们只是延展了线下生活的半径，人群之间的差异因为这个半径的延展而越发强化，无形之间，人与人的隔阂更加深刻。从根本上看，网络时代并未带来不同群体之间的融合，反而使各个群体更加分化。

然而，人类与生俱来的好奇心和探索欲也在做出打破这种技术带来的透明隔阂的努力。快手、抖音等手机应用，以直播和短视频等形式，让人们看到了别人的生活。霍启明的《残酷底层物语：一个视频软件的中国农村》通过分析快手平台上农村用户自发上传的视频，让大城市中的人们看到了一个既真实又荒诞的底层中国，他们占据了中国人口的绝大多数，然而却在话语传播中处于被忽视的边缘。面对这一现状，传统文学期刊《人民文学》《中国作家》推出的"非虚构小说"系列专栏，鼓励写作者走出书斋、进入真正的现实生活，把握中国城市化进程中城市与乡村之间的紧张关系，也由此解决当代知识分子的话语危机。而在网络文学领域，则表现为职业文的兴起。

网络文学不同于传统文学的一个特点，是作者群体来自各行各业，最初都是以文学爱好者的身份，利用闲暇时间连载创作。作者自身的专业知识和行业背景，成为其展开创作的首要资源。在女强文的延展中，女主人公在事业上不断进取、最终完成个人价值的实现，获得社会认同和自我满足，成为故事的主线。而在这条主线上，以主人公的职业岗位为原点，细致地描摹所在行业的基本知识、成长轨迹，介绍上下游相关产业的关系和作用，进而勾勒出当前这一行业存在的问题和进行的改革，这种既有情节又有干货，读者同主角一起学习与成长的网络小说，被称为"职业文"。在传统纸质出版的职场小说中，人们看到的主角是销售、人力、秘书等常见岗位的职员，希望获得的也是具有普遍性、实用性的技能。但在网络文学的职业文中，读者选择点进去的首要原因，却常常是对一个距离近、门槛高的行业的"好奇"，因此"职业文"也会被称为"行业文"。

网络文学中较早出现的职业文，是与人们日常生活紧密相关的医疗题材。踏在网络发表与纸质出版之间的作家六六，在下笔《心术》时曾泡在医院体验生活半年有余，但最后呈现出的作品仍然差强人意。及至北京大学医学部科班出身的网络作家 zhuzhu6p，则可以毫无障碍地将诸多医学材料信手拈来，在专业可信的背景中加入更多的思考。《到爱的距离》写的是在医疗体制改革中，医院内部在选贤任能的问题上是重才还是重德的矛盾，以及公立医院与私立医院之间的微妙关系。《长大》则刻画了一群青年医学生的群像，介绍了医疗体系的人才培养路径和医学生的不同事业选择。《外科风云》中，作者逐渐从对行业素材的依赖中脱离出来，虽然故事仍旧以医院作为背景，但是重点已经转移到男女主人公在"救赎"的职业道德和"复仇"的民间道德之间矛盾与成长的过程。医疗题材较高的社会关注度，也让这一领域的优秀作品比较容易投入影视拍摄，因而在大众中知名度较高。

而占职业文数量之最的题材，则是来自娱乐行业，甚至形成了子类型"娱乐圈文"。娱乐圈文早期受到同人小说的影响，很多是粉丝以现实生活的明星为原型展开的同人创作，想象成分和言情色彩都比较明显。到了后期，成功的网络写手在自己以往作品的影视化改编过程中了解到娱乐行业的内部运作情况，也贡献了一批优秀的作品。匪我思存的《星光璀璨》描写了女经纪人带领男明星一路走红的故事，表征了匪我思存这位老牌网络言情作家从"霸道总裁"到"骄人女性"的风格变化。此外，人气颇高的红枣的《一夜成名》、墨宝非宝的《轻易放火》等娱乐圈文，描写女性职业成长过程中的钩心斗角的奋斗色彩已经大幅减轻，取而代之的是男女主角之间在竞争激烈、瞬息万变的娱乐圈中相互扶持的有爱互动。

而在职业文这一类型中，特别要提及的大神级作家是御井烹香。御井烹香早期多写古代言情宅斗文，近年来转型现代言情职业文。不同于深耕自身所在领域的其他网文作家，御井烹香几乎每部作品都涉及一个新的行业领域，而每个领域也都像浸淫多年的专家一般，以极其深入、细致的笔触介绍其中的行业知识与运作规则。譬如，《制霸好莱坞》是美国娱乐圈，《只因暮色难寻》是心理咨询，《时尚大撕》是服装时尚行业，《女为悦己者》是整容医疗。女主人公均职业目标清晰，奋斗过程扎实，不断努力取得成就的过程让读者看得酣畅淋漓。最为关键的是，在御井烹香的描写中充满了对行业本身的热爱，知识的获取和层级的上升已经为女主人公和读者带来了极大的爽感，爱情反而成为不那么重要的锦上添花。职业文的普遍套路是升职加薪、走向人生巅峰，然而在御井烹香的职业文中，这些只是明线，真正推动主人公不断向前的内驱力，即作品的暗线，是她们始终带着对自己人生的畏惧和怀疑，但仍旧勇敢向前，最终在事业中击碎了胆怯、坚定了选择。在其他职场小说或职业文以猎奇的方式介绍行业潜规则、以犬儒的方式默认并遵循不公时，御井烹香的女主人公获得成功的最后一步，却是反抗这些规则，将为了成功而隐藏起的那一面放到光天化日之下，最终达成对自我——过去的和现在的——的和解。

其中，立足美国娱乐圈的《制霸好莱坞》，重生在好莱坞的女主人公珍妮/陈真一路向前，为的是达成"制霸好莱坞"的目标后，能够重新拥有回到前世中国贵妇生活的机会。但是在好莱坞的打拼，让她发觉了自己对演戏的热爱，对通过自己努力能够走到多远的憧憬，认识到了过去那种依附于人的富贵生活的可笑可叹，最终选择留在此刻、活在当下，要在历史中留下自己的名字，而不是舒适而短浅地度过一生。

御井烹香的职业文创作，呈现出一个明显的趋势：如果生命的意义、人生的价值需要有一个具体的附着，那么日渐强大的女性选择诉诸事业。事业获得成功、个体探索完成，人成为一个完整、健康的独立个体，没有亟待解决的心理匮乏，没有更多的奢求妄念，才能以轻盈的姿态坦然拥抱爱情。现代的生活丰富多彩，职业也各种各样，但是女性的成长之路却异曲同工。这种强大自足的女性形象，成为开启甜宠的前提。

3. 职业女性形象的泛化与隐忧

网络言情小说一路走来，女性的角色也在悄然间发生变化。总裁文中的女主人公，常常是总裁身边依附的貌不惊人的平凡女子，不但感情上依附于男性，工作的性质也往往是秘书、行政、后勤等辅助性岗位。到了穿越文和宫斗文中，女性被拘囿于深宫大院，成为围绕男性打转的"专职恋人"，比如，若曦作为女官的制胜法宝，在于记准诸位阿哥的饮茶喜好，在取悦一事上做得春风化雨，却对自己的前路和结局一无所知。随后的宅斗文中，女性虽然依旧身处家宅之中，但是有了"主母"这样一个职位，因此读书识字、针线女红、打理财务都要着意学习。即便是在古代，也要好好学习——个人能力的提升开始浮现出来。到了女尊文，能力的提升伴随而来的是眼界和野心，她们站在曾经属于男性的皇位上，看到的万里江山，都想纳入囊中。"藏拙"是后天养成的约束，而不是先天默认的设置。发展到职业文，女性的个人能力和事业追求，都逐渐从架空历史的幻想中回归现实，落地成为一个个真实可感的职业女性。

更值得瞩目的是，除了以女性的职业道路作为故事主线的职业文，网络言情小说的其他各种类型中，女性作者也在努力为女性的职业化开拓空间，并且塑造出不是男性第二，而是女性独有的社会角色与职业价值。在小说《琅琊榜》中，女性可以是霓凰郡主一样的将军，和林殊里应外合并肩作战。林殊在时，与之相知相恋；林殊失踪，也会在生活与战斗中重新爱上新的伴侣。女性也可以是秦般若一样的谋士，在帮助誉王登上皇位中频献智计，暗中筹谋自己母族的光复大业，在面对誉王纳妃的示好时婉言谢绝。她所处的位置是谋士不是侍妾，她想要的目标是女王而不是王妃。女性还可以是夏冬春一样的特工，外貌似男似女，游走在性别的边界线上，来去自由而不受到任何内在与外在的约束。一个传奇故事中，女性除了爱情，还有很多东西值得追求；除了主角，还有很多角色、很多职业起到了重要的作用。这个男女平等、都能够自我实现的世界看似是个超现实的乌托邦，但作为《琅琊榜》的一种"设定"，读者如同在安装软件前点击"同意条款"一样，毫无疑虑地快速进入，进而感受到这种世界的美好。这种女性角色不仅为女性读者提供了全新的想象空间，为她们带来了可以自我投射的丰富角度，也让男性读者体会到了性别平等不是男性地位下降、东风压倒西风，而是两种性别更好地相互配合，成为生活的搭档和生命的伙伴。

2015年的穿越小说《木兰无长兄》，让现代法医贺穆兰穿越到代父从军的花木兰身上，在女扮男装中以男性身份参与竞争、进入历史，并且获得了事业的成功。通过历史和穿越的"金手指"，木兰不必纠结如何以女儿之身进入男性秩序，就能够在历史故事中顺利通关，达到"策勋十二转、赏赐百千强"的成就。按照木兰最初的心意，她希望代父从军来保全父亲和弟弟,战火之下不至于家破人亡,因此第一次选择时,她"不用尚书郎""对镜贴花黄",希望过上一般女性的生活也并没有错。但是当她发现,自己不去做官带兵后,伙伴散落天涯、敌人虎视眈眈、国家陷入混乱,于是毅然再次选择穿越、挺身而出。此时此刻,"木兰"这个个体是具有独特价值的。她是军队的灵魂人物和精神支撑,在"能力越大、责任越大"的原则下,不分是男是女。木兰战场上杀敌,但战场下,她也帮助过无家可归的柔然流民、流窜乡村的卢水胡人、做过逃兵的落草土匪。这些人身份是"敌",但是木兰却肯定他们作为"人"的尊严和价值,努力寻找一条共存共赢的道路,也正是在这种"妇人之仁"的政策下,边境逐渐安宁,国家走向和平。此时此刻,"木兰"所代表的女性特质是具有独特价值的。"木兰从军"的故事不再被演绎为一个藏好了女性身份而获得成功的"假男人"故事,而是以女性特质获得了不同于男性的位置和价值,从而成为挽狂澜于既倒的"真女人"的榜样。

不过,在职场取代情场成为女性获取自身价值的新途径时,职场文同样隐藏着一些被悬置的问题。这些职场文在讲述女主人公一路奋斗直至成功的故事时,以一种类似"先立业、后成家"的态度,回避了真正的性别场景和性别冲突。这些女主人公基本上都是未婚女性,甚至很多是出于对婚恋问题的逃避而进入职场。《木兰无长兄》中的木兰,想要对镜贴花黄,就要接受男权对女性的评价标准,威武的将军也成为每日被逼相亲的剩女,因此木兰才决定如果再选一次,"木兰要做尚书郎"。更多的职场文中,女主人公身边男性的追求只是让人暂时心安的存在,事业的目标才是女主人公心心念念之所在。两人的情感一路扑朔迷离,留给读者的只有开放式的结局。但无论是单身,还是恋爱,女性都具有相对较大的选择权,很容易就能够保持独立、专注事业,但是进入真正紧密的两性关系,结成婚姻家庭之后,这种独立性是否还能够成立?

从某种角度讲,当前职业文中塑造的女性角色,虽然不是简单的"处女想象",但仍旧可以被称为"单身想象"。"女王和骑士终于幸福地生活在了一起"是一个童话故事的结尾,它刻意忽视了婚后生活可能对两人造成的影响。甚至,开放结尾、没有官配、保持单身的女主人公是酷的，而在婚姻中为另一半做出牺牲、怀孕生子、影响事业的女性配角是暗暗让人惋惜、厌烦的。如同在现实生活中，单身女性总是会被另眼相看一样，网络文学中，这种舆论倒逼的压力最终呈现为"单身万岁、结婚乏味"，女性内部的群体分化已经隐隐形成区隔。回避和贬低无助于解决女性面临的婚姻问题，而对绝大多数年轻未婚的作者和读者来说，为婚姻难题提出的解决方案难免过于简单化和理想化，在这种情况下，"甜宠"带来的则是弥补职业文的另一半，以设定的方式，建构对理想关系的想象。

二、理想的爱情如何重塑

1. "互宠"模式建立

网络作家丁墨能够在门槛低、竞争猛的都市言情题材中脱颖而出，得益于搭上了网络言情领域 2013 年开始、2015 年爆发的甜宠之风。同样是写言情小说，丁墨笔下没有情敌小三、怀孕堕胎，也没有前世鸳盟、父辈恩仇。从宫斗的血雨腥风和女强的咬牙拼搏中一路看来的读者，在丁墨这里如同吃到了一颗薄荷糖，清爽、甜蜜、不腻歪，有时候还能让你更清醒。

丁墨笔下的爱情，不依靠复杂的人物关系、情感逻辑来结构故事，而是从一开始就带有命中注定的感觉，从来不会让读者有"站错CP"的哀号。男女主角能够在还未相互表白心意时，就对彼此有一种笃定的感觉，得益于他们本身就十分优秀，而且因为长期的优秀，还养成了一种气定神闲的自信。

> 季白话锋一转，神色淡然自若："所以，我追了你这么久，有什么想法？"
> 许诩清晰地感觉到胸膛中怦怦的心跳，但是……他的逻辑不对。
> "你什么时候在追我了？"

季白抬起沉黑的眼，静静看着她。

他很清楚，自己做的一切，其实有点姜太公钓鱼愿者上钩的意味。因为他要两情相悦，他要她也怦然心动。

不过他还是有点强词夺理地淡淡答道："每天陪你晨练，手把手教你射击，让那帮小子叫你嫂子……不是追你是什么？"

……

她长长的吐了口气，令心跳平缓下来。

"不用追。"

季白完全没料到她会这样回应，心头倏地一沉："什么意思？"

她直视着他："我也喜欢你，所以不用追。"①

在言情小说中，"追求"是双方权力关系的首次交锋。作为追求者的一方经常是男性，在追求的名义下，对自身的实力进行炫耀般的展示，继而以捕获猎物的姿态得到女性。尽管这些展示出来的金钱、权力归根结底都仍属于男性，但会给女性带来一种"因爱而愿意分享给你"的满足的眩晕。这其实也是网络言情小说早期总裁文、高干文的底层套路。然而，随着新《婚姻法》对夫妻双方财产越来越细致的划分，恩格斯在《家庭、私有制和国家的起源》中阐述的基于共享财产而形成的一夫一妻制家庭关系，正在逐渐被架空。"你的就是我的"不再是默认的前提，而是恩惠与让步。总裁文中豪宅、名车、家族企业的设定，已经不能再激发读者的多巴胺，反而会被吐槽"和我有什么关系"，只有像《爱如繁星》里那样，总裁把创业公司的期权大方签给女主，才能让人满意点头。

当"追求"在水落石出中呈现为"展示"，从女强中走来的女主人公则不愿再充当被追求的猎物。季白知道许诩的聪慧，原始而雄性的追求多半会显得野蛮甚至愚蠢，因而所谓的"追求"点到为止，只是"姜太公钓鱼"，许诩则干脆利落地连这种"追求"的形式都拒绝："我也喜欢你，所以不用追"——爱的是你的人，而不是你的追求，或者说，不是

---

① 丁墨：《如果蜗牛有爱情》，晋江文学城，http://www.jjwxc.net/onebook.php?novelid=1766288。

你的爱。男女之间基于"追求"而形成的强弱关系被打破，双方只将对方视为"人"，站在同一水平线上并肩而行。

这种基于相互欣赏而产生的感情，如此水到渠成，又如此毋庸置疑。他们都不缺爱，虽然都曾历经坎坷，但都能够独自跨越，没有童年阴影和心理创伤需要对方来疗救。所以彼此不以"得到"为荣，反而以"给予"为乐。每次表露爱意，都是在生活的基准线上做加分，因而在外人看来，就是格外直截了当的"甜"。《如果蜗牛有爱情》中，"许诩喜欢和追求一个人的方式，非常非常简单，就是对他好"；《他来了，请闭眼》里，薄靳言向简瑶赔罪，就是在带上好友居中调停的聚餐时，在一旁默默把自己最爱吃的鱼肉都剔好刺让给简瑶。"甜"被还原为了婴儿出生时吮吸母乳时的反馈，激发的是最本能的愉悦。无论是许诩的煮白粥，还是薄靳言的剔鱼刺，都爱得简单，让人在不设防的享受中成为孩子，而不是计算你来我往的社会化了的人。

如果说"甜"满足了人们对爱情的基本想象，那么"宠"就以甜与爱的冗余，成为超越一般想象的神话与理想。甜宠文中的宠，不同于《甄嬛传》中皇帝对甄嬛的宠。后者的宠，是为了掩盖爱的能力的匮乏，而在物质上的过度弥补；前者的宠，则是在健全的爱的基础上，以十足的尊重和信任，把界定情感边界的权利交给对方。

> 许诩一直安心吃菜，这时就有人问："嫂子，你也不管管季队？这都喝多少杯了！不像话啊！"
> 话音刚落，所有人全狭促地望过来，季白也微眯着眼，侧头似笑非笑看着许诩。
> 许诩看一眼他，摇头："他不用管。"[1]

刚刚确立恋爱关系而"立规矩"的时候，许诩对季白的态度是"他不用管"，对别人而言这是值得大呼小叫、羡慕嫉妒恨的"给足自己男人

---

[1] 丁墨：《如果蜗牛有爱情》，晋江文学城，http://www.jjwxc.net/onebook.php?novelid=1766288。

面子"，但是对许诩而言却是一种理性的判断："她的想法是季白这人知进退、自控力也很强，这种人一般不会出现喝过量的情况。""不用管"三个字，成为甜宠文区别于此前言情小说的标志性特点。无论是"想要去管"还是"希望被管"，本质上都是"不健全"与"不相信"，都是在默认：人是不完美的，是需要通过管理来进行修正的；感情是不稳固的，是需要通过关心和吃醋来证明的。迂回曲折的背后，是人们在苦苦证明爱情最基础的逻辑，但在甜宠文中，这一切与其说是设定好的前提，不如说是"疑人不用、用人不疑"的逻辑，是从女强中来的"你变心我就另找，大不了从头再来"的底气。

甜宠的双向"互宠"，将爱情中的性别因素减到最淡，我们看到的不但是简简单单的人，而且是像孩子一样直接、什么都不用再管的人。在网络言情小说回归自我的过程中，爱情如同一件被重新发现之物，不再是身外可望而不可即的奢侈品，而是身体的本能和情感的天性。

2."双处"标签浮现

经常与甜宠文相伴出现的标签，有意味着"Happy Ending"（美满结局）的"HE"，有代表着"一对一"的"1V1"，更有彰显出读甜文的女读者曾经压抑在心底的爱情想象的"双处"（一场双方都是处子的恋爱）。

"双处"标签的出现，非常耐人寻味。它的诞生背景，是在中国传统封建社会中，男性在社会化中具有高度的流通性，可以将个人的智力资本兑换为政治资本、经济资本，并且在多次兑换中不断膨胀，而女性则几乎不能够参与社会化过程，具有竞争力的只有生育资本。男性以部分资本即可占有女性的全部资本，从而让女性成为自己的私有财产。当婚姻成为交易的同义词，作为物品的女性，其关键性能"生育"的完好程度就成为需要特别考量的部分，女性的贞洁也就被放在了非常重要的位置。

尽管在当代中国社会中，这一观念的经济基础已经几近消亡，科学标准上更是早已证伪，但是许多人依旧会将女性的贞洁看得很重。在网络社交媒体上关于"处与非处"的讨论中，"非处无罪"是一种政治正确,而"政治正确"的潜台词则暗示着,人们本能上依旧会产生错误但真实的另一种感受——尽管不是非处有罪,但至少也是处女更好。

"双方都是处子"的要求,让女性从被动辩护的局面倏而跳出,成为主动选择的角色。如果按照丛林法则的逻辑,强大的一方就拥有话语权,那么日渐崛起的女性也有理由要求男性保持处子之身。换而言之,"双处"设定其实并非这一代读者的性观念变得保守了,而是她们在旧壳子之中掩藏了蠢蠢欲动的新要求——这一要求的核心是"纯洁的男主"。至于女主处女与否,真的没那么重要。如果传统观念一时无法克服,那么配合着"双处"亦可。网络言情小说的这一想象,让女性在残余的性别权力中悄然登上男性的位置,染指审视的快感。

除了作为一种要求平等的话语策略,"双处"的背后,也是对彼此情感返璞归真、回到纯粹的一种向往。当其他言情作者都写游刃有余、过尽千帆时,甜宠文反而开始写守身如玉、赤子之心,塑造出甜言蜜语也说得认真、简单拥抱也会脸红心跳、把承诺看得与生命一样重要的男性形象。在爱情变得速食的时代,当其他作者在寻找与世俗世界和平相处的办法,安慰人们妥协的爱情也是爱情时,甜宠文却安居一隅,创造出一个童话般纯净的空间,坚守美好总会遇见另一份美好,秉承真心总会等来另一颗真心。

在甜宠文建构的伊甸园中,"1V1"是甜宠的底线,"双处"则是甜宠的高线。睡醒就饿在《红楼之宠妃》的文案中提前做好了设定:"(男主)没有小妾,没有侧妃,没有继妃,从生到死都只有林黛玉一个。表(不要)问我怎么做到的,连这个都做不到就别当男主了。"[①]用义正辞严的坚决态度重新划定爱情的界限,而喜欢让男主角不那么"高大全"的Twentine,则在《那个不为人知的故事》《第三支玫瑰》等作品的文案中提前注明:"有C情结的慎点""非处、慎入"——不是"双处"需要特别标出、满足小众口味,而是男主人公"非处"已然成为特殊情况,需要事先"扫雷"以免被骂。

---

① 睡醒就饿:《红楼之宠妃》,晋江文学城,http://www.jjwxc.net/onebook.php?novelid=2480599。

丁墨的作品中，从《如果蜗牛有爱情》的季白到《他来了，请闭眼》的薄靳言，以及《他与月光为邻》的应寒时，男主人公都拥有超出凡人的聪慧，却能保留始终如一的初心。女性读者在这里，坦然而大声地要求作者大大去写"双处宠文"：我们不要做万千后宫中最得宠的爱妃，也不要做浪子回头后的最后一个女人。于是，季白、薄靳言、应寒时应运而生，在这个纸醉金迷、诱惑重重的社会里，他们如一股清泉，理直气壮地害羞着。

不同于男性单方面要求女性处子时会被诟病的"不自信"，"双处宠文"则是建立在双方的绝对自信之上。无论是对于男主人公还是女主人公，"处子之身"不是需要交换什么才能平衡的砝码，也不是需要急着破除才能证明魅力的"烫手山芋"，它只是一种自然的生理状态，如同身高、体重一样正常的存在。当双方关系进入这一阶段时，男女主人公们首先想到的是做实验般的科学理性：许诩在觉得两人关系可能更进一步之际，"回到房间，躺了一会儿，摸出手机百度：'初次性交注意事项'"；薄靳言则在简瑶害羞不愿开灯时，提出"我可以戴夜视镜，两全其美"。这些令人啼笑皆非的描写，让读者从那个因为聪慧而很少被世俗所规训的主角眼中，看到了亲密关系的去社会化面貌，让这个附加了太多意义的生理行为重新回到中性的科学范畴。

甜宠文在"双处"中开启的"金手指"，则是大家虽然是"第一次"却堪比"老司机"，秉承着科学精神进行事先预习，就能够顺利完成新手任务。虽然这些描写带有幻想色彩，但是背后是对"经验"的祛魅——身体经验与情感经验的双重祛魅。"经验"的丰富伴随着的是"套路"的形成。2016年的社交网络上，各种对话类幽默段子广泛出现，网友套用这些段子与身边人交流，达到愚人或者套话的目的，被评论为"都是套路"。此后，"套路"逐渐被用于形容感情交往中，一方并非出于真情实感，而是刻意使用语言赞美、肢体接触等方式，希望快速获得对方好感的行为。"套路"因而成为中性略偏贬义的词，暗示对方待人做事有所欺瞒、不太真诚。"第一次"胜过"老司机"的想象与"双处"赢过"经验"的设定，归根究底还是表现了现实生活中遭遇套路的人们对真心的呼唤。

如果传统观念无法克服，那么就去超越。从"单处"到"双处"，正是一种通过添加附加条件而达成平等对话的策略。而基于"双处"的设定，则是用身体的纯洁重新呼唤感情的纯洁。

不过"双处"标签从网络文学蔓延到大众视野，又引来了一次时空错位的讨论。2015年左右甜宠文的兴起与"双处"标签的广泛使用，其承接并颠覆的对象，是网络言情小说中传统的多情浪子式男主与甘当港湾的女主。相较于此前男主可以"万花丛中过"，而女主必须纯洁无瑕，"双处"则通过增加对男性的要求，而体现了其进步的一面。几年之间，无论是在网络文学创作实验中，还是在网络舆论对女性主义的讨论里，人们的观念都在进一步发展和解放。到了2022年暑期热播的电视剧《梦华录》里，当男女主互诉衷肠，向对方表明自己是处子之身时，同样是"双处"，却遭遇了观众一片吐槽——此时人们的普遍观念已经从"双处"的螺旋上升中再次走向"开放"。如果以此为例，反过来对2015年前后的"双处"设定进行审判，其实就有些时空错位了。这两种对"双处"标签截然不同的态度，非但不是矛盾，反而是某种统一。"双处"这种策略性的表述，必然会在不同的时代语境下面对不同的评价，而这也成为我们得以观察时代观念变迁的一个窗口。

3. "去戏剧化"趋势

角色的笃定、感情的纯粹，带来的是情节的平淡。一方面，失去了人物性格的复杂、感情历程的波折，言情小说往往会显得缺乏内在动力，所以"甜宠"与其说是一种类型，不如说是一种风格，它更多的情况下，是和其他不同类型的作品相结合，引入其他元素作为动力。另一方面，平淡不意味着寡淡，甜宠情感的逐步深化，不在于相互之间如何确认，而在于两人迅速确认之后，放心地将后背交给对方，把恋人纳入自己的心理共同体，一起抵御来自外界的侵袭。

丁墨的甜宠小说中，男女主人公的感情线格外清晰干净，相较于"一哭二闹三上吊"的琼瑶戏码，甚至有种主动追求"去戏剧化"的趋势。《他来了，请闭眼》中情窦未开的薄靳言迟迟没有发觉自己对简瑶的感情，简瑶的好友李熏然因而提出"助攻"一下：

> 聊到最后，李熏然也算对她的感情世界，有了清晰的了解。他把她肩膀一搭，说："你不知道他心里有没有你？那还不容易。一会儿他来了，咱俩唱唱双簧，刺激刺激他。是个男人都经不起激，更何况是薄教授这种自负的人。"
> 然而让他意外的是，简瑶摇了摇头："不要。"
> 她明白李熏然的意思，让薄靳言吃吃醋，说不定就逼出他的真心。
> 当然，也说不定就此落花流水，再无前程。
> 但这不是最重要的。
> 重要的是，她不想刺激他，不想逼他，不要狗血误会，不想让他有一点点不自在和郁滞。①

在一切误会产生以前就主动规避，"甜"与"宠"不靠"酸"与"虐"衬托，甚至一直暗恋简瑶的李熏然也没有主动表露自己的感情，两人之间毫无障碍延宕，只有好友相助。《如果蜗牛有爱情》中倒是有了货真价实的情敌姚檬，但是还没等姚檬开始发起进攻，季白和许诩就已经确定了关系。姚檬几乎毫无反抗地举手退出，随后开始了另一段属于自己的感情，而这段配角线的感情纠葛还成为小说的推动力。

甜宠文中主角线的推动力不足，配角线就显得格外重要。和天之骄子的男女主角相比，中人之上的配角也总能获得读者的认同和喜爱。网络文学仿照日本漫画而产生的"番外"，是主干情节之外的分支故事，用以展开没有能够被编织进正文的前传或后续，但更多的是通过转换视角，展现配角的人生故事。《如果蜗牛有爱情》中的姚檬，看似遇到了真命天子，却不料都是变态杀手；《他来了，请闭眼》中耍宝逗趣的傅子遇，深

---

① 丁墨：《他来了，请闭眼》，晋江文学城，http://www.jjwxc.net/onebook.php?novelid=1857985。

埋着挚爱因自己而被恐怖分子杀害的惨痛回忆。这些配角不完美也不甜蜜，他们才是现实存在的芸芸众生，但是这并不妨碍他们站在主人公身边，认同这种平淡，也追求这种甜蜜。主人公们的甜宠关系，无论在故事中还是现实里，都被确认是"可遇而不可求"的理想关系。

丁墨的《如果蜗牛有爱情》和《他来了，请闭眼》，都是主打"甜宠悬爱"风格，通过连环案件的推理和侦破，让男女主角的关系逐渐升温、熬成一碗浓糖。无论是刑侦警察师徒，还是犯罪学专家拍档，他们都毫不动摇地共同站在正义的一方，与各式各样的罪犯斗智斗勇。主人公们以高智商形象出场，因这一人物设定得到读者的认同，也得到对其或傲娇毒舌或不近人情的宽容，但是最后出现的终极敌人常常在智力上更胜一筹，甚至因为有着毫无底线的凶残，而能够将这一智力优势无限放大，于是最终挑战的是主人公的主体性——如果有更聪明、更强大的人，你的位置和价值又在何处？

这个问题，承接的是女强小说的遗留：女性的强大固然可以让她纵横驰骋、发现自我价值，但更重要的是，有什么东西能够支撑她在面对更强大的对象时仍旧坚定自身的独特。甜宠给这一问题的答案，就是情感。

简瑶被"鲜花食人魔"谢晗囚禁折磨，让她写下绝笔信来摧毁薄靳言的意志，激发出他作为 Simon 和 Allen 的双重人格。简瑶在绝望的边缘留下的话是：

> 不重要了，靳言。Simon 还是 Allen，都不重要。你就是你，我唯一的靳言。我对你的爱，根本不会有变化，因为我始终相信，你会战胜 Allen，战胜谢晗。你会找到我，你会带我离开这个地狱。①

甜宠设定固然在开始是以两个毫无缺憾的人格作为基石，但是行至此处，他们的完美出现了裂痕。在谢晗面前，薄靳言和简瑶不但在

---

① 丁墨：《他来了，请闭眼》，晋江文学城，http://www.jjwxc.net/onebook.php?novelid=1857985。

智力上处在下风,而且显现出了自身的弱点:薄靳言掩藏着犯罪型人格Allen,简瑶则因为长期关押、受虐而奄奄一息。不过也正是在这种情境下,简瑶的剖白"Simon还是Allen,都不重要""我对你的爱,根本不会有变化",以坚定不移的信任和爱意,弥合了自身的裂痕,也打破了谢晗在智力强弱上的优势,建立起了个人价值的立体坐标。

三、"女性乌托邦"的功能与隐患

1. 网络言情的思想实验空间

网络言情小说的诞生,源于剧烈变动中的中国现实社会让曾经的言情小说不再能满足当代女性的内心匮乏。她们从直面自己对金钱、权力与个人价值的欲望出发,"我手写我心"地参与到网络言情小说新一代"白日梦"的描摹之中。然而,这一梦境参与的人数越多,描摹出的情景越细致,就越接近现实社会的运行逻辑,也让女性感受到"做梦"的难以为继。于是在网络文学这一赛博空间中,女性也开始放弃幻想,拿起刀剑,从总裁文中期待"霸道总裁爱上我"到宫斗文中下手"弑夫"、破除幻象,再到女尊文、女强文直接"成为霸道总裁",完成了在现实社会的社会达尔文主义中登上食物链顶端的过程。

性别压迫与阶级压迫具有同构性,对女性来说,这种深切的感知不但体现在作为被压迫者时,也体现在成为压迫者时。在女尊文中以女尊男卑的方式建立女性帝国,一逞心头之快后,她们也迅速感知到了这种社会模式本身的弊端。

网络作家希行的小说《诛砂》中,架空历史创造了一个以女性为尊长的母系氏族。看似女性获得了至高无上的荣耀,但光鲜背后,则是任何可能威胁嫡长女传承的女孩都或被远嫁或被扼杀。除了身居高位的奶奶、母亲与女主人公柔嘉,家族中的其他女孩仍被视为门户联姻的筹码、发生矿难时的献祭。嫡长女与其他女孩的命运之别,和家族叔伯与矿工的命运之别,并无本质不同。

在这些网络小说展开的思想实验中，女性发现：一方面，女性要获得尊重，需要面临各种各样的困难，付出艰苦卓绝的努力；另一方面，即便是在女尊男卑的社会中，能获得尊严的也只是身居高位的少数女性。不是"女性/男性成为强者"，而是"权力成为强者"。在这个意义上，性别解放与人的解放是同一个命题。

而当女尊和女强回落到现实，职场成王败寇的狼性思维同样是基于男权文化的产物。线性的职场发展路线中，无论是男性还是女性，本质上都是权力结构的一枚螺丝钉。当纸质出版的最后余波呈现为职场小说，以实用主义的工具理性教育女性如何生存时，网络文学中经历性别反叛的职业文，则开始质疑这种线性思维逻辑和非此即彼的僵化格局。从职场小说到职业文，是从"场"的斗争演变为"业"的修炼，女性在事业中的技能提升、个人成长和自我实现，取代了升职、加薪、登上人生巅峰的单一想象。纵向的上升通道被横向的多种人生路径打开，女性的多元职业选择、人生选择为读者提供了新的话语和想象。

正如邵燕君在《从乌托邦到异托邦——网络文学"爽文学观"对精英文学观的"他者化"》中阐述的，网络文学"在发展进程中，有两种非常积极的心理建设功能发挥着重大作用，一种是堪称'全民疗伤机制'的释放抚慰功能，一种是借助'设定'建构'虚拟世界'而达成的心理养成功能"。[①] 网络文学此前诸种类型为女性建立起了对个人价值的坚定信心和对社会制度的明确反思，甜宠文则借助"设定"创造了一个男女主人公都是健康之人的乌托邦式理想社会。在这个社会中，男女平等、阶级弱化，多元选择让社会丰富多彩，理想的爱情也在这一土壤中产生。这个世界的作用首先在于"抚慰"，人们在现实世界中遭遇的不公、无法得到的理想关系可以在这里得到想象性的满足，但其更重要的作用则在于"培养"。随着网络文学成为越来越普及的大众文化形式，阅读网络言情小说的读者平均年龄越来越小，她们精神世界的塑造、自我主体的建构、欲望机制的形成，都是在这个网络文学创造出的理想世界里形成的。

---

① 邵燕君：《从乌托邦到异托邦——网络文学"爽文学观"对精英文学观的"他者化"》，《中国现代文学研究丛刊》2016年第8期。

她们在现实世界的行事准则和感情态度,也会从网络文学中移植。促使人们有力量改变现实的,不仅是遭遇到的压迫,发觉有些东西是不对的,更是提供一种新的想象,创造齐泽克所言的"另类选择",让人们感受到理想世界的美好,知道什么是对的。"甜宠"能够让人们将自我想象为健康的个体,从而令感情复归到原初与单纯的状态,即便是身处并不理想的现实社会,也能够让人们在精神上重建理想关系。

2. 螺旋上升的女性主义实践

从网络言情小说诞生之初的"虐恋"到近年来激增的"甜宠",看似是一个物极必反、自相平衡的过程,实际上经历的却是一段复杂而漫长的螺旋上升的道路。网络文学的作者和读者通过不断的内在革新,创造出新的类型叙事,对最初那个类型的一砖一瓦细细翻修,最终在地基之上完成了整体升级。虐恋文可以"发糖",男女主人公在相互折磨中,以短暂的欢愉作为休憩,但甜宠文一般"虐"不起来——当两个人格健全、美好的主人公相知相爱,他们的结合令人羡慕,分开让人惋惜,但并不会引发深刻的缺憾与痛苦,因为彼此都是完全独立自主的,他们已经不再需要他者、不再需要爱情作为唯一确立自身的对象。

甜宠文从网络文学进入大众,表现为近年来的影视作品重新出现了简单纯净的校园恋情。早在几年前,青春小说、青春电影中仍旧依靠悲情、狗血换取眼泪,充满了妥协、认命与苦中作乐的气质。而近年来青春题材的网剧,则重新落回到地面,用淡淡的甜意书写一个温情的青春岁月。

依据八月长安的《最好的我们》改编的同名网剧中,主人公耿耿和余淮的名字,就透露出天作之合的暗示。一路上学放学、懵懂的情愫、偶尔碰到的手、一起温习功课时浅浅的笑容,都成为"甜"的组成部分。这里没有戏剧化的海誓山盟、拥抱热吻,却唤起了人们源自情感本能,而非生理或社会的对爱的感知。这些"甜"越是细小琐碎,越是让人们变得敏感细腻,重新具备了感知爱、理解爱、向往爱的能力。

借助网络文学空间的甜宠逻辑,人们对过往的校园生活和青春岁月的书写由忧伤、残酷变为明媚、温情，在重述中再造了过去、再造了历史。在某种程度上，他们通过利用网络文学空间创造的理想世界与精神力量，重塑了现实的个人历史，为这一情感逻辑建构了历史基础。

当然，利用"甜宠"搁置现实矛盾，试图通过再造新世界的方式来完成彻底的"替代"而非"革新"，其背后的逻辑是一种消极反抗——旧一代人已经无可救药，就让他们在这片土地上老去、消逝，新一代人转移到虚拟空间，从零开始建构属于自己的世界。不同代际的相互理解与融合难以进行，所有人都寄希望于时代的列车在拐弯中将对方的群体甩出车外。这一犬儒主义的背后，是社会经验的再次断裂，而网络空间内部历史的绵延、继承并不能够完全替代这种现实社会层面的资源。

随着网络文学不断发展壮大并参与现实社会秩序的建构，网络言情小说内部的阶层问题也日益显现。"甜宠"的基础是女强，网络言情向前发展的主流动力就是来自社会中产女性在经济地位提升之后对社会地位和性别待遇的内在需求，而与此同时，网络言情小说中"沉默的大多数"——文化水平不高、个人能力有限，对自身境遇缺乏敏感认知和改变动力的中下层女性，已经逐渐无法跟上飞奔向前的女尊和女强。这两种群体之间，已经逐渐由经济基础和情感诉求的不同分化为拥有不同的阅读取向，甚至追更不同的文学网站。女性内部的分层，削弱了女性作为整体推动社会性别改革的力量。在女性主义实践的螺旋上升中，原本同在一起的女性在"运动"中逐步"离心"分层，带来的将会是内部倾轧与最终坍缩。社会文明发展遵循着"木桶原理"，最高的那块木板固然提供了一种未来的可能，但最低的那块木板却标定了现实的状态。网络言情小说如何在提供"另类选择"的同时，涵容多种阶层与群体，是其下一步发展中必须面对的问题。

结　语

A：我们去看电影吧。

B：唔……关于看电影，我有三个原则：

第一，电影中必须出现至少两名女演员，而且她们必须有名字。

第二，这些女演员之间必须有对话。

第三，这个对话的主题不是男性。

A：这是个挑片的好主意啊！

B：不过说真的，按这三个原则挑片，我最后只能去看《异形》了。

——埃里森·贝克德尔《规则》[①]

1985年，美国艺术家和女同性恋活动家埃里森·贝克德尔发表了一幅漫画《规则》（见图1），在这

[①] Alison Bechdel, "Dykes to Watch Out For: THE RULE," *Off Our Backs*, Vol.16, No.6 (June 1986), p.27.

图1 埃里森·贝克德尔的漫画《规则》

个多格漫画中，两位女性相约观影，其中一位提出了上述三个选片原则。这三个选片原则看上去不难达到，但如果以此筛选各大影院的热门影片，却会得出一个让人震惊的结果——绝大多数电影连这三条原则都达不到。银幕上要么如同厌女症般让所有女性都消失不见，或者对她们熟视无睹、让她们没有姓名，要么她们相互之间毫无交集，不能形成基于性别的认同，要么即便有所交集，话题也都围绕男性……在充斥着人们生活的大众流行文化产品当中，独立的女性竟然完全缺席！最后，漫画中的女性观众只好去看1979年的科幻电影《异形》，这部受惠于美国民权运动中的第一次女权运动的成果，又吹响了20世纪80年代第二次女权运动前哨的作品，以外星生命植入人类身体的复杂暗喻，塑造出了科幻世界中坚韧强悍的新一代"地球之母"。

然而二三十年过去，这种情况是否有所好转呢？2013年，瑞典电影人艾琳·迪乐发起的"A名单运动"，再次将所有电影都按照这三条原则加以筛选，只要符合就能获得一个A（approved）的标记。但是结果却和1985年漫画诞生时的状况没有质的改变，世界上80%的商业电影，依然无法获得A标。放眼全球的电影市场，粗略统计，有台词的电影角色，七成是男性，三成是女性。有工作的角色，八成是男性，两成是女性。后两个数据从1940年至今，70余年来毫无改变。[①]

当女性的力量无法从男性主导的传统影视工业中突出重围，借由媒介变革而兴起的网络文学则成为她们的容身之处。在女性向占据半壁江山的网络文学中，她们借助总裁文抒发自己对强大男性的幻想，通过穿越文探寻进入历史的方法，在宫斗文的凶险冷酷中磨砺自己进化出的铠甲，以女尊文的女性王国反击男尊女卑的现实世界，最后来到甜宠的理想国度，期待身心健全的美好生命相互遇见，在虚拟世界中生长出健康的人格。在这里她们不但拥有姓名、身份，能够获得事业、朋友，而且可以获得主体认同、实现个人价值。甚至，在女性向网络文学的想象中，

---

① 根据吉娜·戴维斯建立的"媒体中的性别研究所"（Geena Davis Institute on Gender in Media，https://seejane.org/）中的数据库统计，以及该网站上的研究文章 Geena Davis Institute on Gender in Media Impact Study, Gender in Media: The Myths & Facts 综合整理。

她们可以没有男主角。

"没有男主角"不是仇男，而是对当今社会文化生态的一种补充，是为女性探索独立人格留出一个空间。网络言情小说没有了男主角，爱情从女性生命中的必需之物逐渐拉远为美好但遥远的以后之事，先学会安身立命、先做到勇往直前、先完成自我觉醒，然后，才能明白什么是自己需要的感情。越来越多的网络言情小说采取开放式结尾，并不一定在几个男性角色间为女主角安排归宿，但女性读者却乐在其中——她们想看到的，已经不再是牢牢拴住某个优秀的男性，而是具有自己变得优秀的能力。"言情"以爱情为名最终诉说的缱绻情致，成为女性为自己书写的缠绵情书。只有会"言"、去开口说出自己的声音，有"情"、解决了生存焦虑而产生了情感需求，才是不负生命。

作为思想的试验场，网络言情小说从没有男性主角的故事中孕育了女性的独立人格，从理想化的两性关系设定中探讨着女性的真正欲求。当这批营养充足、人格健全的女性走向社会时，自然也会按照自身的价值体系处理面临的各种问题，而不是在本身就已剑拔弩张的男女关系中寻找实用主义策略。网络言情小说所建构起的"脂粉帝国"，正为这一代中国女性酝酿属于自己的话语资源。

一、从西方女性主义到网络女权运动

网络言情小说在网络空间展开的思想实验，呈现出的表面状态是"在可以没有伴侣时，是否还要伴侣"。现实家庭生活中"父亲的缺席"与"丧偶式育儿"投射在文学之中，则是男性从传统文学里男性作家笔下两性之间的"人生导师"演变为网络文学里女性作家笔下可有可无的点缀。网络言情小说今日重回"甜宠"，看似是两个完人终成眷属，但是硬币的另一面，其实是不在一起也依旧完整的两个生命。

这一表面状态之下的实质，则是"在可以不选女性时，是否还做女性"。早在穿越小说中，就已经有跨性别穿越的设定——只要有了一个男儿身，无论穿越到哪个朝代，都能够大展拳脚。而到了女尊小说，居于统治地位的女性，已经与至高无上的权力合二为一，不必再扮演那个弱者，甚至在"男性生子"的设定中，把生育任务完全交给男性，从心理到生理都彻底告别"女性"。

舒拉米斯·费尔斯通在《性的辩证法》中尝试对女性受到压迫的性别状况进行深入而系统的分析。不同于20世纪70年代女性主义者刻意忽视男性与女性的性别差异，否认女性在社会性别中的从属地位源于其生理性别的特点，费尔斯通认为，女性的从属地位，根源于人类生物学不可改变的生理机制。人类的育儿过程十分漫长，不但需要怀胎十月，还要在婴儿诞生后很长一段时间才能真正完成。在这段时间内，胎儿与子宫、婴儿与母乳的联系，导致女性无法摆脱生育责任，同时自身体质也不断变弱，需要依靠男性才能保证自己和孩子的存活。基于这点，费尔斯通的结论是：女性的解放要依靠技术的进步，使生育过程脱离子宫、养育过程脱离母乳，这样才能消除女性对男性的依靠关系，从而由生理独立进入精神独立，提高女性的社会地位。[1]

这一激进女性主义的设想在当时看来实属天方夜谭，但在21世纪的今天，女性要求产后作为独立个体而非婴儿之母被对待——努力恢复身体素质，甚至减少母乳依赖，正逐步成为社会大势。人造子宫技术在全球范围内也开始备受关注。

与此同时，伴随着近年来网络女性主义的兴起，以及独生子女政策下的一代逐渐长大成人，越来越多接受高等教育、能够自力更生的"花木兰"，开始思考是否可以不再"回乡对镜贴花黄"，而去谋求"木兰要做尚书郎"。当她们将婚育问题搁置延宕之后，在工作上能够展现出和男性同样毫无家累的奋斗，甚至在生活中选购没有粉红税、设计着宽大口袋的男性服装——她们可以不做被传统道德所规训的"女性"了。

新中国建立初期女性解放的成果，以及如今消费社会的经济秩序，为女性提供了经济基础。网络言情小说一方面降低着爱情的崇高性和唯一性，培养出了女性的情感独立，另一方面也为女性提供了脱离具体性

---

[1] Shulamith Firestone, *The Dialectic of Sex: The Case for Feminist Revolution*, New York: Farrar, Straus and Giroux, 2003.

别身份而进入世界的各种全新角度。时代从未像今天这样，让"不做女性"变得触手可及。曾经因不得不做而被赋予神圣意义的种种女性属性，今天面临着被重估的命运。

"不做女性"并不意味着"去做男性"。无论是男性的性别身份，还是男权的运行机制，对女性来说都并没有那么吸引人。在女尊文的实验中，读者和作者都很快感受到了"我若为王"之后的不适，而非忽获权力的狂喜。女性并未从反转的强势中获得快感，反而感受到了整个权力秩序的内在问题，感受到了性别压迫与阶级压迫的同构性。所谓"女皇"，只是一种形式而非目的。"成为男性"或"获得男权"而对其他性别进行剥夺，并不能给自身带来快感。

但是，"不做女性"同时也意味着对女性身份的认同仍旧欠缺。女性，从来就不是某一个单独的功能或元素可以概括的，她既包括生理构造、生育功能，也包括独特的情感模式、心理机制，甚至还有较长的寿命、美好的容貌。女性是这一切的有机综合体，而不能简单假设选择什么、不要什么，也不能简单论断哪些是长处、哪些是缺点。"不做女性"隐含着的对自身女性性别身份的困惑，并不会因技术的进步而消失，反而在始终存在的社会性别结构中，会固化女性"天生劣等"的社会认知。因此，"不做女性"本身才是对于女性的最大考验。如何脱离具体的生理性别身份、脱离性别权力的二元对立，寻找平等的性别关系与全新的社会模式，才是网络空间作为技术普及的先导需要展开的实验。

二、女性群体的分化与统和

性别的问题从来不是一道是非题那么简单。在消费主义时代中，女性内部同样面临着分裂。在女性群体中，阶级分化和贫富差距正在随着社会秩序的板结而逐渐扩大，而在消费主义中，不断被强调的"趣味"和"品位"则将这种分裂外化。

网络言情小说作为一种文字阅读和付费商品，内在要求其受众至少具有三项基本条件：首先，具有经过现代高等教育而欣赏文学作品的能力和习惯；其次，具有为无形的服务性商品、知识产权付费的道德水平和经济能力；最后，还要具有一定的闲暇时间。能够满足这些条件的受众，绝大多数属于中国城市的中产阶层。在西方发达资本主义国家，中产阶层的数量之庞大，让其内部涵盖了多种群体，而对从计划经济转向市场经济的中国而言，改革开放后逐渐积累出现的中国第一代中产，其来源更加庞杂。米尔斯在《白领：美国的中产阶级》一书中指出，"新中产阶级雇员并未组成一个紧凑而单纯的阶层，而是同时进入了现代社会的若干层次；他们现在与其说形成了一个水平的层面，还不如说是在社会的整个金字塔内部形成了一个新的金字塔"[1]。这个"金字塔"的形成，不仅意味着层次的存在，并且是层次之间具有高下之分，这些高下间隐含着内部倾轧。

网络小说《欢乐颂》中的"22楼五美"，既是中国当代中产阶层的缩影，又是女性向网络文学的某种隐喻。欢乐颂小区同一栋楼22层的五位美女，原本出身于不同的家庭背景，各自的人生经历也划定了她们实际所处的阶层，但是在机缘巧合之下，她们共同入住了欢乐颂小区22楼。同住一层楼，看起来是生活在同一平面，然而这背后的差异，就如同乘电梯下楼时有人按了"1"而有人按了"B1"一样，隐蔽而深刻。

尽管同样是在网络言情小说的虚拟空间中，但是女性读者的阅读趣味区别已经在时间与空间上逐渐被区分出来。从空间而言，晋江作为女性向网文的大本营，既是不断开拓、勇于尝试的潮流引领者，每种新风潮、新类型都在此孕育并爆发，又是相对宽松、多元的舆论场，各种小众、边缘类型如同人文、纯爱文、百合文都能在这里拥有一席之地。而潇湘书院和红袖添香，则集中于"霸道总裁爱上我"的幻想，读者的文化水平和年龄都相对偏低。至于起点女频，受到起点中文网男性向的影响，具有打怪升级模式的宫斗、宅斗作品则格外普遍。这些不同的网站自然而然地聚集了不同的作者和读者的趣缘社群，人们的趣味被网站空间所分隔。

---

[1] ［美］赖特·米尔斯：《白领：美国的中产阶级》，杨小冬等译，浙江人民出版社，1987年，第47页。

从时间上来说，总裁文、穿越文、宫斗文、女尊文到甜宠文的这些类型，是在同时存在的基础上此消彼长、螺旋上升的。网络女性主义在发展的不同阶段，会有不同的类型承担这一阶段的表现内容。而对不同类型的兴趣，某种程度上则将主体的趣味对应到了不同的时间顺序上。

正如布尔迪厄在《区分：判断力的社会批判》一书中所揭示的那样，趣味是一种对人的阶级分类，任何趣味都不是自然纯粹的，都是习性、资本和场域相互作用的产物。① 女性的阶层分化正在阅读的趣味中悄然推进并逐渐加深，那些走在潮流前端的女性主义代表，不单纯是为金字塔下层的女性提供思想资源，当经济与科技的红利同时也被她们率先享有时，另一部分女性则需要承担起暂时性的结构压迫。当一部分女性遵循女强的逻辑，通过消费品得以标定自身，无论男性是缺席还是在场，都能张扬个人价值时，另一部分女性则被"超前"的她们展现出的形象所迷惑，试图通过购买她们展示的、自己力所不能及的商品，与她们跻身在一起。以汪晖《两种新穷人及其未来——阶级政治的衰落、再形成与新穷人的尊严政治》中的表述，她们是消费社会的新穷人，又是贫穷的消费主义者。②

60年前，女性将性别解放容纳于阶级解放之中；60年后的新问题，则是在"可以不做女性"的暧昧中，性别认同和阶级认同已然分化，走到了需要做出抉择的时刻。

三、女性话语政治与中国话语资源

网络言情小说中蕴含的女性话语政治，既是属于女性的，也是属于中国的。在当今文化结构中，女性话语的选择，其实是选择进入传统格局，还是开拓全新话语的差别。

---

① ［法］皮埃尔·布尔迪厄：《区分：判断力的社会批判》，刘晖译，商务印书馆，2015年，第101页。

② 汪晖：《两种新穷人及其未来——阶级政治的衰落、再形成与新穷人的尊严政治》，《开放时代》2014年第6期。

在21世纪以来的20余年间,世界正处于快速全球化的时期,中国的改革开放使之进入了世界经济拼图,并成为全球格局的重要一环。然而,随着国际局势和金融经济的变化,近年来,世界各国不约而同地相继由全球化进入逆全球化状态。这说明,一方面,此前几十年的高速经济发展,并没有让各国内部的社会问题得到解决,相反,很多问题是在繁荣的表象下被暂时掩盖。"资本主义全球化并没有也不可能使中国(或任何国家)的妇女获得那种想象中均一发展的机会,在有些阶层的女性在中国经济转型期向上发展的同时,另一些阶层的女性却并非完全出自个人原因地无法占有向上流动的资源甚至无可奈何地向下流动。"[1]另一方面,逆全球化的国际形势,要求各国以各自的民族国家独特性重整内在凝聚力,完成国内生产资源的优化配置。而这也就要求中国建立新的话语方式,从而对内、对外输出新的国家形象。

蓬勃发展、不断创新的网络言情小说,在不同类型的嬗变中提供了多种话语方式和另类选择的可能。总裁文中充满打破阶级区隔的想象;穿越文则是通过进入历史来改变今天、书写未来;重生文既是人的重生,也是现代性与现代体制的重生;宫斗文和宅斗文则将丛林法则推向极致,然后一举颠覆;女尊文探索着社会制度的另类可能;甜宠文则是在虚拟空间中创造乌托邦,进而影响个人的自我记忆梳理和现实生活准则——这些类型和风格之间相互组合,生发出更多的可能性。这些类型实验的直接目的,当然是立足于女性问题。网络言情小说中诞生的网络女性主义是中国前所未有的,完全在虚拟的女性空间中建构并在现实社会中推动了女性解放浪潮,也前所未有地面临着阶级和国族的问题。这一次,这两大力量不能再左右女性的方向,而是只能等待性别话语中产生出全新的理论资源来解决她们所面临的困境。

与阶级为伍而搁置性别的女性,最终沿袭的是"第二性"的旧路,跟在原有的社会话语方式和阶层格局之后亦步亦趋。而在可以"不做女性"时依旧选择做女性的人们,却是通过这一选择,重新评估女性主义

---

[1] 孙桂荣:《女性主义的"中国焦虑"及其在消费时代的深化》,《东岳论丛》2007年第5期。

的理论遗产，试图为建立在男权基础上的社会寻找新的话语资源。特别是身处东方亚洲的中国，网络文学以及其中的网络女性主义，正率先向东亚各国输出全新的价值体系。在启蒙破灭、历史终结的当今世界，通过女性主义与经济、政治的有机互动，为女性开拓更大的空间，同时谋求性别共赢、开掘崭新的话语资源，正是中国网络文学、网络言情小说的意义所在。

参考文献

一、理论著作

1. 陈东原:《中国妇女生活史》,商务印书馆,1937年。
2. 谢冕、张颐武:《大转型——后新时期文化研究》,黑龙江教育出版社,1995年。
3. 戴锦华:《隐形书写——90年代中国文化研究》,江苏人民出版社,1999年。
4. 戴锦华:《涉渡之舟——新时期中国女性写作与女性文化》,北京大学出版社,2007年。
5. 孟悦、戴锦华:《浮出历史地表:现代妇女文学研究》,北京大学出版社,2018年。
6. 李银河:《福柯与性:解读福柯〈性史〉》,山东人民出版社,2001年。
7. 李银河:《虐恋亚文化》,中国友谊出版公司,2002年。
8. 李银河:《女性主义》,上海文化出版公司,

2018年。

9. 林丹娅:《当代中国女性文学史论》,厦门大学出版社,2003年。

10. 邵燕君:《"美女文学"现象研究:从"70后"到"80后"》,广西师范大学出版社,2005年。

11. 邵燕君:《新世纪文学脉象》,安徽教育出版社,2011年。

12. 邵燕君:《网络时代的文学引渡》,广西师范大学出版社,2015年。

13. 邵燕君:《网络文学经典解读》,北京大学出版社,2016年。

14. 邵燕君:《新世纪第一个十年小说研究》,北京大学出版社,2016年。

15. 佟新:《社会性别研究导论》,北京大学出版社,2005年。

16. 王政、陈雁主编:《百年中国女权思潮研究》,复旦大学出版社,2005年。

17. 唐小兵编:《再解读:大众文艺与意识形态》,北京大学出版社,2007年。

18. 王宁:《从苦行者社会到消费者社会:中国城市消费制度、劳动激励与主体结构转型》,社会科学文献出版社,2009年。

19. 颜海平:《中国现代女性作家与中国革命,1905—1948》,季剑青译,北京大学出版社,2011年。

20. 王小英:《网络文学符号学研究》,中国社会科学出版社,2016年。

21. 张锦:《福柯的"异托邦"思想研究》,北京大学出版社,2016年。

22. [德]弗里德里希·恩格斯:《家庭、私有制和国家的起源》,载《马克思恩格斯选集(第四卷)》,中共中央马克思恩格斯列宁斯大林著作编译局译,人民出版社,1972年。

23. [苏]巴赫金:《小说理论》,白春仁、晓河译,河北教育出版社,1998年。

24. [法]米歇尔·福柯:《规训与惩罚:监狱的诞生》,刘北成、杨远婴译,生活·读书·新知三联书店,2003年。

25. [法]米歇尔·福柯:《性经验史》,佘碧平译,上海人民出版社,2005年。

26. [法]皮埃尔·布尔迪厄:《男性统治》,刘晖译,中国人民大学出版社,2012年。

27. [法]皮埃尔·布尔迪厄:《区分:判断力的社会批判》,刘晖译,商务印书馆,2015年。

28. [法]让·鲍德里亚:《物体系》,林志明译,上海人民出版社,2001年。

29. [法]让·鲍德里亚:《消费社会》,刘成富、全志钢译,南京大学出版社,2014年。

30. [法]西蒙娜·德·波伏瓦:《第二性Ⅱ》,郑克鲁译,上海译文出版社,2011年。

31. [加]马歇尔·麦克卢汉:《理解媒介:论人的延伸》,何道宽译,译林出版社,2011年。

32. [美]波斯特:《第二媒介时代》,范静哗译,南京大学出版社,2000年。

33. [美]弗朗西斯·福山:《历史的终结及最后之人》,黄胜强、许铭原译,中国社会科学出版社,2008年。

34. [美]弗雷德里克·詹姆逊:《文化转向》,胡亚敏等译,中国社会科学出版社,2000年。

35. [美]赫伯特·马尔库塞:《爱欲与文明》,黄勇、薛民译,上海译文出版社,2012年。

36. [美]赫伯特·马尔库塞:《单向度的人——发达工业社会意识形态研究》,刘继译,上海译文出版社,2008年。

37. [美]凯特·米利特:《性政治》,宋文伟译,江苏人民出版社,2000年。

38. [美]李成:《"中产"中国:超越经济转型的新兴中国中产阶级》,许效礼、王祥钢译,上海译文出版社,2013年。

39. [美]李海燕:《心灵革命:现代中国的爱情谱系》,修佳明译,北京大学出版社,2018年。

40. [美]罗斯玛丽·帕特南·童:《女性主义思潮导论》,艾晓明等译，华中师范大学出版社，2002年。

41.〔美〕赖特·米尔斯:《白领:美国的中产阶级》，杨小冬等译，浙江人民出版社，1987年。

42.〔美〕尼尔·波兹曼:《娱乐至死·童年的消逝》，章艳、吴燕莛译，广西师范大学出版社，2009年。

43.〔美〕苏珊·鲍尔多:《不能承受之重——女性主义、西方文化与身体》，綦亮、赵育春译，江苏人民出版社，2009年。

44.〔美〕约翰·费斯克:《理解大众文化》，王晓珏、宋伟杰译，中央编译出版社，2001年。

45.〔美〕詹明信:《晚期资本主义的文化逻辑——詹明信批评理论文选》，张旭东编，陈清侨等译，生活·读书·新知三联书店，1997年。

46.〔美〕朱迪斯·巴特勒:《消解性别》，郭劼译，上海三联书店，2009年。

47.〔美〕朱迪斯·巴特勒:《性别麻烦:女性主义与身体的颠覆》，宋素凤译，上海三联书店，2009年。

48.〔日〕日本NHK特别节目录制组:《女性贫困》，李颖译，上海译文出版社，2017年。

49.〔日〕上野千鹤子:《父权制与资本主义》，邹韵、薛梅译，浙江大学出版社，2020年。

50.〔日〕上野千鹤子:《近代家庭的形成和终结》，吴咏梅译，商务印书馆，2004年。

51.〔日〕上野千鹤子:《厌女:日本的女性嫌恶》，王兰译，上海三联书店，2015年。

52.〔斯洛文尼亚〕斯拉沃热·齐泽克:《不敢问希区柯克的，就问拉康吧》，穆青译，上海人民出版社，2007年。

53.〔斯洛文尼亚〕斯拉沃热·齐泽克:《幻想的瘟疫》，胡雨谭、叶肖译，江苏人民出版社，2006年。

54.〔斯洛文尼亚〕斯拉沃热·齐泽克:《斜目而视:透过通俗文化看拉康》，季广茂译，浙江大学出版社，2011年。

55. ［斯洛文尼亚］斯拉沃热·齐泽克:《意识形态的崇高客体》,季广茂译,中央编译出版社,2002 年。

56. ［英］玛丽·比尔德:《女性与权力:一份宣言》,刘漪译,天津人民出版社,2018 年。

57. ［英］以塞亚·伯林:《浪漫主义的根源》,吕梁、洪丽娟、孙易译,译林出版社,2008 年。

58. ［英］安东尼·吉登斯:《亲密关系的变革:现代社会中的性、爱和爱欲》,陈永国、汪民安等译,社会科学文献出版社,2001 年。

59. ［英］雷蒙·威廉斯:《关键词:文化与社会的词汇》,刘建基译,生活·读书·新知三联书店,2005 年。

60. ［英］雷蒙德·威廉斯:《马克思主义与文学》,王尔勃、周莉译,河南大学出版社,2008 年。

61. ［英］约翰·伯格:《观看之道》,戴行钺译,广西师范大学出版社,2015 年。

62. ［韩］崔宰溶:《网络文学研究的原生理论》,中国文联出版社,2023 年。

二、学术论文

1. 李航天:《网络女性文学中的女性意识探究》,安徽大学硕士论文,2016 年。

2. 齐丽霞:《网络文学中的女性写作叙事研究》,青岛大学硕士学位论文,2013 年。

3. 鞠琪:《网络女性古代言情小说研究》,中国海洋大学硕士论文,2015 年。

4. 刘黎:《新世纪职场小说中的女性形象研究》,重庆大学硕士学位论文,2017 年。

5. 贺桂梅:《"延安道路"中的性别问题——阶级与性别议题的历史思考》,《南开学报》2006 年第 6 期。

6. 贺桂梅:《当代女性文学批评的一个历史轮廓》,《解放军艺术学院学报》2009 年第 2 期。

7. 乔以钢、刘堃:《"女国民"的兴起:近代中国女性主体身份与文学实践》,《南开学报》2008 年第 4 期。

8. 常江、李思雪:《身体的异化与解放:电视剧〈后宫·甄嬛传〉里的女性身体政治》,《新闻界》2014 年第 11 期。

9. 蔡郁婉:《女性显影之后——试析电视剧〈后宫·甄嬛传〉》,《学术评论》2016 年第 4 期。

10. 陈子丰:《女频网文阅读与读者的女性主体建构》,《中国现代文学研究丛刊》2016 年第 8 期。

11. 高寒凝:《"女性向"网络文学与"网络独生女一代"——以祈祷君〈木兰无长兄〉为例》,《中国现代文学研究丛刊》2016 年第 8 期。

12. 丰忆清:《"女儿国"的兴衰演变:网络女尊小说探析》,《上海文化》2017 年第 8 期。

13. 李强:《历史穿越:"大国崛起"与"个人圆满"的双重"YY"——以月关〈回到明朝当王爷〉为例》,《南方文坛》2015 年第 5 期。

14. 邵燕君:《"媒介融合"时代的"孵化器"——多重博弈下中国网络文学的新位置和新使命》,《当代作家评论》2015 年第 6 期。

15. 邵燕君:《"新保守主义"的集体无意识——解读〈走向共和〉》,《文艺理论与批评》2004 年第 3 期。

16. 邵燕君:《面对网络文学:学院派的态度和方法》,《南方文坛》2011 年第 6 期。

17. 邵燕君:《从乌托邦到异托邦——网络文学"爽文学观"对精英文学观的"他者化"》,《中国现代文学研究丛刊》2016 年第 8 期。

18. 孙桂荣:《女性主义的"中国焦虑"及其在消费时代的深化》,《东岳论丛》2007 年第 5 期。

19. 汪晖:《两种新穷人及其未来——阶级政治的衰落、再形成与新穷人的尊严政治》,《开放时代》2014 年第 6 期。

20. 王黎:《女性网络文学作者的创作倾向》,山东大学硕士论文,

2010年。

21. 王玉玊:《从〈渴望〉到〈甄嬛传〉：走出"白莲花"时代》,《南方文坛》2015年第5期。

22. 翁燕:《网络女性文学电视剧化研究》,福建师范大学硕士论文,2014年。

23. 乌兰其木格:《论网络文学中的女性历史书写》,《当代文坛》2016年第6期。

24. 肖海英:《"贤妻良母主义"：近代中国女子教育主流》,《社会科学家》2011年第8期。

25. 徐行:《中共早期妇女政策及妇女组织评析（1921—1949）》,《亚洲研究》2007年第54期。

26. 徐艳蕊:《网络女性写作的生产与生态》,《北京大学学报》2015年第1期。

27. 闫寒英:《消费主义语境下文学生产的方式及悖论》,《长江学术》2010年第4期。

28. 闫寒英:《中国当代职场小说的文化价值》,《求索》2010年第6期。

29. 闫寒英:《职场小说与女性主义意识形态》,《文艺评论》2015年第1期。

30. 赵思奇:《边缘化 匿名性 无中心——网络文学与女性写作异同点分析》,《宁夏社会科学》2009年第1期。

后　记
成为女性的那一天

　　这本书的初稿，源于我在北京大学读书期间写的博士学位论文。写成之后的很长一段时间，我都不愿意再翻看修改，因为当时很是费了一番心力读网文、做研究，有点"读伤了"。进行网络文学研究，和平时看网络小说，其实不太一样：凭兴趣看小说，可以选择自己喜欢的作家作品，享受文化工业诸多类型中最符合自己口味的那一款，并不需要担心它会对自己有什么冒犯；但研究网络文学，特别是跨越不同代际和类型的研究，肯定会读到一些不那么符合自己审美的作品，而且还要像侦探一样拿着放大镜，去看这些作品背后的作者和读者，看审美盲区中有哪些被忽略了的细节，看网文写作发生了什么变化。这就并不轻松了。

　　成稿之后的一段时间，尽管在北大网文研究这个可爱的学术共同体的悉心安排下，进行了很多分享、交流、讨论，但一想到当时正处在流量高峰的，满眼是"一胎六宝，总裁爹地忙坏啦""一胎六宝，团宠妈咪不好撩"之类的网文作品，我就眼前发黑。以我当时有限度的生活经验和审美水平，实在很难完全放下自我、投入研究。

另外，伴随着网络女性主义的兴起，越来越多的网友加入女性主义的讨论。短短几年，网络上不同主张的意见领袖如雨后春笋，令人眼花缭乱。平心而论，广泛而多样的讨论确实对当代年轻女性性别意识的觉醒起到了推动作用。但我也隐隐感到，很多或激进或柔顺的自我表达，可能只是一种话语策略，言辞之下真实的欲望与匮乏究竟是什么，我一时难以找到答案，只能拉开一段距离，给自己一些观察和思考的时间。

很幸运，我身处的小环境是个平和安乐的乌托邦。感谢我的妈妈和爸爸，他们给我提供了一个还挺舒适的物质环境，以及一个可以敞开心扉的精神世界。从北大读书到清华教书，师友们一直陪伴左右，学生们也常常给我带来新鲜见闻。甚至在高校生活久了，看着身边大佬们背着开会发的帆布袋上课、骑着叮咛咣啷的自行车下班，就连吹遍全社会的消费主义之风，都难以将我的物欲吹起波澜。

直到后来有一天，我去参加了一个饭局。

那是一个商务活动前的晚宴，吃得不错，气氛也算其乐融融：有对五旬的高管夫妇手挽手出席，刚刚完成对周边一圈新晋网红城市的自驾考察，讲起旅途故事生动温馨；有位酒店的业主带着做建材生意的小舅子过来，大概是想牵线搭桥；还有位财务早已自由的合伙人，家里有矿（是真的有矿）……我每次进入这种场合，都充满进入人类学田野现场的好奇。

言笑晏晏的一顿饭马上要开始时，没想到又有两人姗姗而至。一位是什么金融投资协会的会长，标准的四十多岁行业脸，带着那种精英中透出一点"渣味儿"的感觉。他带了一位高挑白皙的姑娘，看得出五官精心修整过，但程度稍微有些夸张。落座前众人寒暄，能看出有几位话事的老总是想结交这位会长的。姑娘也跟着坐到了主位旁边。大家对她，本来是一副吃瓜心态，结果她外套一脱，一下子变得过于性感暴露，让大家看她也不是，不看也不是，气氛瞬间尴尬起来。

随着添肴加菜，气氛稍舒，大家的话渐渐又多了起来，但我仍旧隐约觉得有哪里不对劲儿。高管太太和我心照不宣地对视了一下，作为原先席上仅有的两位女性，终于确认了那种微妙的被冒犯感来自何处：这位姑娘落座之后，其他男性再看我们，从"无价的人"变成"有价的物"了。

兴许是也察觉到了，那位会长得知我来自清华，专门过来给我敬酒，一会儿又是认校友，一会儿又是拜老师，仿佛在用夸张的礼貌补救这个令人不适的场面，竭力自证以及向在座各位证明，这位嘉宾和那个姑娘不一样。

但我却感觉，我和她，是一样的啊。

我忽然意识到，当有的女性在旁边站着端碗、跪着奉茶、倚着劝酒时，同为女性，我无法坦然地坐着吃饭；当我可以选择和她划清界限，享受阶层带来的红利时，我依旧愿意选择把她当作同胞，产生去改变我们命运的冲动。

在这一刻，我才真正"选择成为"一名女性。

第二天的会议上，她换了一身得体的服装。当大家上台合影时，她非常乖巧地留在下面帮大家拍花絮。看着她跑前跑后的样子，我多希望有一天，她也能走上台来，有机会讲出自己的见解、留下自己的合影。倒不是说台上的位置多么高人一等，我也毫不怀疑她的小荷包兴许比不少人更丰厚，但我总觉得，在名与利这些世俗标准之外，还有一些更值得追求的东西。

回京之后，我又重拾起过去的这些研究。感谢赖洪波师姐、李甜甜老师和北京文联各位老师的鼓励与支持，让我的研究有机会得到"北京市文学艺术界联合会文学艺术创作扶持专项资金"的资助。我也开始在修改中重新拾起那些在我喜欢的审美范畴之外的作品与类型，尝试透过那些或稚拙或夸张的笔触，观察其背后的女性群体潜藏着怎样被社会主流秩序所压抑的诉求。

这本书定名为《脂粉帝国：网络言情小说与女性话语政治》，有着几个层面的含义。"脂粉"二字，给人的第一感觉就是俗艳，不免让人想到网络中"霸道总裁爱上我"的各种套路桥段，但在这份刻板印象之下，"脂粉"和"网络言情"一样蕴含着丰富的讨论空间。"脂粉"意味着化妆，也指代了女性。如果将其视作"女为悦己者容"，那么这是一个驯顺的被观看的客体；但如果意识到了"在看"的眼睛及其背后的欲望，开始进行精心的迎合与掩饰，这又会变成一个合谋的表演的主体。而"帝国"二字及其带有的宏大历史想象，常常被认为是男性的专利，但在网络文学中，女性却在穿越历史、改变历史，并尝试建构起属于女性的历史叙述与时空想象。

在这一研究从萌芽到成书的过程中，我的导师张颐武教授给了我非常多的关注与信任，就连我毕业之后，也会在每次聚会上问起我的研究进展。张老师对时代浪潮的敏锐感知和对新兴事物的开放包容，不仅给我带来了许多灵感巧思，也成为我后来为人师表、面对后浪保持的态度。

更要感谢邵燕君教授。我的网络文学与文化研究是在邵老师的课堂上起步的。犹记得我报名参加了对天涯小组的观察，还在邵老师的指导下发表了第一篇论文。彼时的天涯社区如日中天，如今却已停服关闭，一代网友挥斥方遒的文字再难寻觅，但我那些不甚成熟的观察与思考通过研究与论文得以幸存。学术是一条漫长的道路，邵老师让我发现了热爱的方向与前行的意义。后来许多困难的时刻，邵老师也常常拉我一把，我好感谢她。反躬自省，我的许多研究相较于邵老师的期待其实还有距离，但我也一定会继续努力，希望在网络文学与文化研究这条道路上，能和邵老师有更加长久并肩而行的旅程。

邵老师创立的北大网文研究团队，不但在学术上给了我们源源不断的滋养，而且也成为我们心灵上互相陪伴、共同成长的乐园。这套丛书第一个交稿的王玉玊，是我的榜样！而高寒凝跟我讲："我们要好好奋斗，话语权总不能交给那些我们讨厌的人吧！"这让我觉得非常热血。项蕾和我携手同行的敦煌之旅、王鑫和我一起研究的占卜解卦，也给我增添了繁忙工作之外的生活亮色。

这本书最终能够付梓，特别是还能留下这篇后记，最要感谢的，是我的责任编辑冯巍编审。如果把我所有因拖延而写下的歉意装订起来，可能比这本书还要厚，感谢冯老师不抛弃、不放弃，推动我最终完成了这部作品。在这两年的交流中，冯老师对文艺领域广博的认知、对书稿编校高度的责任感，都给我留下了深刻的印象。无以为报，交了书稿的我只有通过催促剩余的小伙伴来表达对冯老师的感谢。

  最后，其实还想谢谢那位偶然间出现在宴席上的姑娘，是她让我有了发现自我的机会。有时我也想再找到她，但又觉得最好找不到她。希望她，也希望所有姑娘，终有一天都能获得平等、尊重与自由。

2023 年 11 月 16 日初稿
2024 年 6 月 14 日终稿